Svenja Budde, Stefani Mehring

Gefährdungsbeurteilung

Fragen und Antworten

Mit Online-Quiz unter
www.bund-verlag.de/faq-quiz

Svenja Budde, Stefani Mehring

Gefährdungsbeurteilung

Gesetzliche Regelungen
Vorbereitung, Durchführung, Wirksamkeitskontrolle
Mitbestimmungsrechte von Betriebs- und Personalräten sowie Mitarbeitervertretungen

BUND
VERLAG

In diesem Buch wird eine geschlechtergerechte Sprache verwendet, die alle Menschen unabhängig von ihrer Geschlechtsidentität sichtbar machen soll. Wo immer möglich, verwenden wir neutrale Begriffe oder inklusive Formulierungen. Diese Schreibweise soll Frauen, Männer sowie nicht-binäre und intergeschlechtliche Personen gleichermaßen ansprechen.
Wir sind uns bewusst, dass Sprache nicht alle Lebensrealitäten vollständig abbilden kann.
Unser Ziel ist es dennoch, durch eine bewusste Wortwahl ein Zeichen für Vielfalt und Gleichberechtigung zu setzen.

Bibliografische Information der Deutschen Nationalbibliothek
Die Deutsche Nationalbibliothek verzeichnet diese Publikation in der Deutschen Nationalbibliografie; detaillierte bibliografische Daten sind im Internet über *http://dnb.d-nb.de* abrufbar.

Umschlag: fsvk designbüro für visuelle kommunikation, Großostheim
Satz: Dörlemann Satz, Lemförde
Druck: Druckerei C. H. Beck, Berger Str. 3–5, 86720 Nördlingen

ISBN 978-3-7663-7525-4

kontakt@bund-verlag.de
www.bund-verlag.de

Inhaltsverzeichnis

Personalrat

Mitarbeitervertretung

Vorwort

Der betriebliche Arbeitsschutz gewinnt für Interessenvertretungen zunehmend an Bedeutung. Zum Glück besteht im Arbeitsschutz und damit auch bei der Gefährdungsbeurteilung ein starkes Mitbestimmungsrecht.
In sich ständig und immer schneller wandelnden Arbeitswelten gilt es, den Blick auf die Beschäftigten zu richten und gute Arbeitsbedingungen zu gestalten. Ein Dreh- und Angelpunkt dafür ist der betriebliche Arbeits- und Gesundheitsschutz und dabei die Gefährdungsbeurteilung als wichtigste Grundlage. In dem weiten Feld der rechtlichen, arbeitswissenschaftlichen und arbeitsmedizinischen Regelwerke den Überblick zu behalten ist jedoch nicht einfach. Hier brauchen Interessenvertretungen häufig Unterstützung. Dieses Werk greift Fragen aus unserer Beratungspraxis auf und gibt Betriebs- und Personalräten sowie Mitarbeitervertretungen Hilfsmittel an die Hand, um im Dschungel des Arbeitsschutzes Orientierung zu finden.
Die TBS NRW e. V. unterstützt seit über 40 Jahren betriebliche Interessenvertretungen durch fachliche Expertise und Prozess-Know-how in ihrer Arbeit. Unsere Beratungen und Seminare gehen wir mit einem breiten Erfahrungsschatz und innovativen Methoden an. Unser Fokus liegt auf den Bedarfen der Gremien der Interessenvertretungen und einer sachlich informierten aktiven Mitbestimmung.
Die Berater*innen der TBS NRW und des TBS-Netz unterstützen Gremien in NRW und bundesweit, die Interessen der Beschäftigten in die betriebliche Gestaltung einzubringen. Sie erarbeiten in den Betrieben mit allen Beteiligten gemeinsam praxistaugliche Betriebs- und Dienstvereinbarungen. Dabei zeigen sie, wie die Mitbestimmung als ständiger Prozess betrieblich optimal verankert wird. Die Ergebnisse unserer langjährigen und

branchenübergreifenden Erfahrungen bei der Konzeption und Umsetzung der Gefährdungsbeurteilungen finden sich in diesem Buch wieder.

Dr. Urs Peter Ruf
Leiter TBS NRW e. V.

Wenn Ihr Fragen habt, sprecht uns gerne an:

Abkürzungsverzeichnis

A

Abs.	Absatz
ArbG	Arbeitsgericht
ArbSchG	Arbeitsschutzgesetz
ArbStättV	Arbeitsstättenverordnung
Art.	Artikel
ASiG	Arbeitssicherheitsgesetz
ASR	Technische Regeln (der BAuA) für Arbeitsstätten
Aufl.	Auflage

B

BAG	Bundesarbeitsgericht
BAGE	Entscheidungen des Bundesarbeitsgerichts
BAuA	Bundesanstalt für Arbeitsschutz und Arbeitsmedizin
BayPVG	Bayerisches Personalvertretungsgesetz
BEM	Betriebliches Eingliederungsmanagement
BetrSichV	Betriebssicherheitsverordnung
BetrVG	Betriebsverfassungsgesetz
BG	Berufsgenossenschaft
BGB	Bürgerliches Gesetzbuch
BioStoffV	Biostoffverordnung
BPersVG	Bundespersonalvertretungsgesetz
BVerwG	Bundesverwaltungsgericht
bzgl.	bezüglich
bzw.	beziehungsweise

D

DGUV	Deutsche Gesetzliche Unfallversicherung
DGUV V1	DGUV Vorschrift 1 – Grundsätze der Prävention
DGUV V2	DGUV Vorschrift 2 – Betriebsärztinnen und Betriebsärzte sowie Fachkräfte für Arbeitssicherheit
DGUV V3	DGUV Vorschrift 3 – Elektrische Anlagen und Betriebsmittel
DGUV V25	DGUV Vorschrift 25 – Überfallprävention
DIN	Deutsches Institut für Normung e. V.
DSGVO	Datenschutzgrundverordnung

E

EKD	Evangelische Kirche Deutschland
etc.	et cetera
EWG	Europäische Wirtschaftsgemeinschaft

F

ff.	und folgende

G

GBU	Gefährdungsbeurteilung
GDA	Gemeinsame Deutsche Arbeitsschutzstrategie
GefStoffV	Gefahrstoffverordnung
ggf.	gegebenenfalls

H

Hrsg.	Herausgeber

I

i.v.m.	in Verbindung mit

K

Kap.	Kapitel

L

LAG	Landesarbeitsgericht
LPVG	Landespersonalvertretungsgesetz
LasthandhabV	Lastenhandhabungsverordnung

M

MAV	Mitarbeitervertretung
MuSchG	Mutterschutzgesetz
MVG	Mitarbeitervertretungsgesetz (evangelisches Kirchenrecht)
MAVO	Mitarbeitervertretungsordnung (katholisches Kirchenrecht)

N

NPersVG	Niedersächsisches Personalvertretungsgesetz
Nr.	Nummer
NRW	Nordrhein-Westfalen

O

o. ä.	oder ähnliches
o.D.	ohne Datumsangabe

P

PC	Personal Computer

T

TBS NRW	Technologieberatungsstelle beim DGB NRW e. V.
TRBS	Technische Regeln (der BAuA) für Betriebssicherheit
TRGS	Technische Regeln (der BAuA) für Gefahrstoffe

U

u. v. m.	und vieles mehr

V

vgl.	vergleiche

Z

z. B.	zum Beispiel

A. Grundlagen der Gefährdungsbeurteilung

1. Was ist eine Gefährdungsbeurteilung?

Zielsetzung einer Gefährdungsbeurteilung (GBU) ist die Verbesserung bzw. der Erhalt der Gesundheit der Beschäftigten durch Abbau von potenziellen arbeitsbedingten Gefährdungen sowie eine Erhöhung des Wohlbefindens der Beschäftigten bei der Arbeit. Die ganzheitliche Gefährdungsbeurteilung stellt nach dem Arbeitsschutzgesetz (ArbSchG) den dafür zentralen Prozess zur Ermittlung und Beurteilung der Gefährdungen dar und ist eine notwendige Voraussetzung für die Erfüllung der betrieblichen Arbeitsschutzpflichten. Ebenso zentral ist die damit einhergehende Durchführung erforderlicher Maßnahmen des Arbeits- und Gesundheitsschutzes.

Die Gefährdungsbeurteilung ist also die systematische Ermittlung und Beurteilung aller möglichen Gefährdungen der Mitarbeitenden einschließlich der Risikobewertung sowie der Festlegung der erforderlichen Maßnahmen für Sicherheit und Gesundheit bei der Arbeit. Gemäß den gesetzlichen Anforderungen werden die Teile »physische« und »psychische« Gefährdungsbeurteilung sowie weitere Gefährdungsbeurteilungen systematisch miteinander in Bezug gesetzt, die Ergebnisse auf mögliche Ursache-Wirkungs-Beziehungen untersucht und miteinander verknüpft.

2. Warum ist eine Gefährdungsbeurteilung wichtig?

Die Gefährdungsbeurteilung ist ein zentrales Instrument des Arbeitsschutzes, welches Arbeitgebende nach dem Arbeitsschutzgesetz durchführen müssen. Die Gefährdungsbeurteilung dient dazu, die Gefahren für die Sicherheit und Gesundheit der Beschäftigten bei der Arbeit systematisch zu ermitteln, zu bewerten und zu beseitigen oder zu minimieren. Die Beurteilung muss alle Aspekte der Arbeit berücksichtigen, die die Gesundheit der Beschäftigten beeinflussen können. Im Rahmen der erzwingbaren Mitbestimmung haben Interessenvertretungen durch die Gefährdungsbeurteilung die Möglichkeit, aktiv die Arbeitsbedingungen der Beschäftigten mitzugestalten, gesundheitliche Beeinträchtigungen zu begrenzen und darüber hinaus die Gesundheit als einen der wichtigsten Treiber für Arbeitszufriedenheit zu stärken.

3. Welche Rechtsgrundlagen sind maßgeblich?

Für die Gefährdungsbeurteilung gibt es eine Fülle an rechtlichen Grundlagen, die je nach Gefährdungsart und Zielgruppe (z. B. Beschäftigte mit erhöhtem Schutzbedarf) zu berücksichtigen sind. Die Basis bildet dabei § 5 ArbSchG, der vorschreibt, dass Arbeitgebende für sämtliche denkbaren Gefährdungen eine Gefährdungsbeurteilung vornehmen müssen. Zusätzlich zum Arbeitsschutzgesetz sind weitere Rechtsnormen hinzuzuziehen. Wenn z. B. die Arbeitsstätte beurteilt werden soll, findet die Arbeitsstättenverordnung (ArbStättV) Anwendung. Neben der Arbeitsstätte müssen auch Arbeitsmittel, z. B. Software, Hardware, Leitern, Gerüste, Maschinen, Anlagen etc., hinsichtlich der Gefährdungen für Beschäftigte beurteilt werden. Dann gilt die Betriebssicherheitsverordnung (BetrSichV). Weitere wichtige Rechtsgrundlagen für die Gefährdungsbeurteilung sind in der Gefahrstoffverordnung (GefStoffV), der Biostoffverordnung (BioStoffV), der Lastenhandhabungsverordnung (LasthandhabV) und einigen weiteren Verordnungen abgebildet. Mit Blick auf Beschäftigte, die einen erhöhten Schutzbedarf aufweisen (z. B. Jugendliche und Schwangere bzw. stillende Mütter), ist zudem eine Gefährdungsbeurteilung nach dem Jugendarbeitsschutzgesetz (JArbSchG) bzw. dem Mutterschutzgesetz (MuSchG) vorzunehmen.

4. Welche weiteren Grundlagen sind zu beachten?

Wie bei den Rechtsgrundlagen gibt es auch eine Fülle an weiteren gesicherten arbeitswissenschaftlichen Grundlagen, Stand der Technik, Hygiene und Arbeitsmedizin, die zu berücksichtigen sind. Für die Gefährdungsbeurteilung psychischer Belastungen sind z. B. Empfehlungen und Leitlinien der Gemeinsamen Deutschen Arbeitsschutzstrategie (GDA) maßgeblich. In ihnen werden Standards für die Gefährdungsbeurteilung festgelegt, z. B. Handlungsfelder, die bei jeder Gefährdungsbeurteilung psychischer Belastungen mindestens überprüft werden müssen. Das Befragungsinstrument bzw. die Erhebungsmethode soll diese Standards erfüllen. Weiterhin sind bei der Gefährdungsbeurteilung, je nach zu beurteilender Gefährdung, Empfehlungen der Bundesanstalt für Arbeitsschutz und Arbeitsmedizin (BAuA) sowie der Berufsgenossenschaften zu berücksichtigen. Hervorzuheben sind dabei die Technischen Regeln der BAuA. Diese technischen Regelwerke sind Konkretisierungen der jeweils vorangestellten Verordnung. Zum Beispiel gibt es die Technischen Regeln für Arbeitsstätten (ASR), die zur ArbStättV gehören. Die technischen Regeln für Betriebssicherheit (TRBS) gehören in den Geltungsbereich der BetrSichV, und so setzt sich die Logik der Technischen Regeln über weitere Verordnungen wie die BioStoffV, GefStoffV etc. fort. Das Gute an diesen Technischen Regeln ist, dass sie einerseits konkrete Vorgaben machen, was und wie etwas beurteilt werden soll (z. B. durch die Vorgaben von Grenz-/Schwellenwerten und die einzusetzenden Methoden), und anderseits Arbeitgebende diese Regeln faktisch anzuwenden hat, weil sie eine sogenannte Vermutungswirkung haben. Das bedeutet, dass von einem ausreichenden Schutz für die Beschäftigten ausgegangen werden kann, wenn die Regeln eingehalten werden. Wenden Arbeitgebende diese Regeln hingegen nicht an, müssen sie nachweisen, dass sie Maßnahmen durchführen, die mindestens genau so wirksam sind wie die Vorgaben aus der jeweiligen Technischen Regel. Auch wenn diese nicht rechtsverbindlich sind, bieten sie somit wichtige Anhaltspunkte und Vorgaben für den Arbeitsschutz und die Gefährdungsbeurteilung. Für die Interessenvertretung ist an dieser Stelle wichtig, darüber zu wachen, dass diese Technischen Regeln angewandt werden – sie bieten eine echte Chance für die Wahrnehmung der Mitbestimmung.

5. Welche Zielsetzung verfolgt die Gefährdungsbeurteilung?

Die Gefährdungsbeurteilung ist die Basis für die Planung und Umsetzung jeglicher Arbeitsschutzmaßnahmen. Nur, wenn bekannt ist, welche Gefährdungen für die Sicherheit und Gesundheit der Beschäftigten bei der Ausübung ihrer Arbeit mit welchem Risiko existieren, können passende Maßnahmen ergriffen werden. Das beschreibt auch schon das Ziel der Gefährdungsbeurteilung gemäß § 5 ArbSchG: Arbeitgebende müssen sämtliche in Betracht kommenden Gefährdungen, die mit der Arbeit einhergehen, erheben, untersuchen und beurteilen. Anschließend sind passende Arbeitsschutzmaßnahmen umzusetzen. Folglich können passende Maßnahmen nur schwer gefunden werden ohne eine umfassende und aktuelle Gefährdungsbeurteilung, die aufzeigt, welche Gefährdungen für Tätigkeiten in welchen Arbeitsbereichen und für welche Beschäftigtengruppen bestehen.

6. Welche Gefährdungen sind zu ermitteln?

§ 5 Abs. 3 ArbSchG als Rahmenvorschrift nennt folgende Gefährdungspotenziale explizit:

»…

1. die Gestaltung und die Einrichtung der Arbeitsstätte und des Arbeitsplatzes,
2. physikalische, chemische und biologische Einwirkungen,
3. die Gestaltung, die Auswahl und den Einsatz von Arbeitsmitteln, insbesondere von Arbeitsstoffen, Maschinen, Geräten und Anlagen sowie den Umgang damit,
4. die Gestaltung von Arbeits- und Fertigungsverfahren, Arbeitsabläufen und Arbeitszeit und deren Zusammenwirken,
5. unzureichende Qualifikation und Unterweisung der Beschäftigten,
6. psychische Belastungen bei der Arbeit.«

Die Liste an Gefährdungen im Arbeitsschutzgesetz ist jedoch nicht als abschließend zu betrachten. Es ist in jedem Betrieb zu prüfen, welche Gefährdungen sich durch die Art der Arbeit und der Umgebung ergeben können. Dazu sind vor der Durchführung einer Gefährdungsbeurteilung die gesetzlichen und die sich aus gesicherten arbeitswissenschaftlichen und arbeitsmedizinischen Erkenntnissen ergebenden Anforderungen an die ganzheitliche Gefährdungsbeurteilung im jeweiligen Unternehmen zu ermitteln. Diese können z. B. aus der Arbeitsstättenverordnung, der Betriebssicherheitsverordnung, anderen gesetzlichen und berufsgenossenschaftlichen Regelwerken oder aus weiteren gesicherten arbeitswissenschaftlichen oder arbeitsmedizinischen Erkenntnissen erfolgen. Es ist immer der aktuelle Stand der gesetzlichen und arbeitswissenschaftlichen und arbeitsmedizinischen Anforderungen anzuwenden.

7. Was sind die Pflichten der Arbeitgebenden in Bezug auf die Gefährdungsbeurteilung?

Die Arbeitgebenden sind nach §§ 3 ff. ArbSchG nicht nur verpflichtet, eine Gefährdungsbeurteilung durch Erhebung von potenziellen Gefährdungen durchzuführen. Die Verpflichtungen für die Arbeitgeberseite sind nach dem Arbeitsschutzgesetz deutlich umfassender. Die Gefährdungsbeurteilung mit der Erhebung des Ist-Standes bzgl. potenzieller Gefährdungen ist um die Bewertung der Risiken, die Ableitung und Umsetzung von Maßnahmen zum Schutz der Sicherheit und Gesundheit der Beschäftigten sowie um die Wirksamkeitskontrolle zu ergänzen.
Dazu besteht die Verpflichtung, für eine geeignete Organisation des Arbeitsschutzes im Betrieb zu sorgen und auch sicherzustellen, dass Beschäftigte sich im Rahmen des Arbeits- und Gesundheitsschutzes beteiligen können. Besonderes Augenmerk sollte auch darauf liegen, dass die Kosten für Maßnahmen des Arbeitsschutzes nicht den Beschäftigten auferlegt werden dürfen.
Zielsetzung ist, die Arbeit so zu gestalten, dass »eine Gefährdung für das Leben sowie die physische und die psychische Gesundheit möglichst vermieden und die verbleibende Gefährdung möglichst gering gehalten wird« (§ 4 Nr. 1 ArbSchG).

8. In welchen Betrieben und Dienststellen muss eine Gefährdungsbeurteilung durchgeführt werden?

Eine Gefährdungsbeurteilung muss in allen Betrieben und Dienststellen durchgeführt werden. Überall, wo Beschäftigte (unabhängig von der Beschäftigtenzahl) in einer von den Arbeitgebenden bereitgestellten Arbeitsstätte arbeiten, muss die Gefährdungsbeurteilung vor Inbetriebnahme bzw. vor Aufnahme der Tätigkeit erfolgen. Auch wenn Beschäftigte außerhalb der Arbeitsstätte arbeiten, z. B. bei Dienstreisen oder mobiler Arbeit, ist für die Arbeitsbedingungen dieser Tätigkeiten eine Gefährdungsbeurteilung zu erstellen.
Diese muss danach in einem festen Turnus oder anlassbezogen wiederholt oder aktualisiert werden. Dieses gilt auch für Arbeitsplätze oder Arbeitsbereiche, in denen nur eine kurze Zeit pro Arbeitstag gearbeitet wird, sowie für Tätigkeiten, die nur ab und zu oder kurz ausgeübt werden.

9. Welche Rolle spielen Aufsichtsbehörden?

Aufsichtsbehörden sind die staatlichen Überwachungsorgane. Außer bei Einrichtungen des Bundes sind die Länder mit dieser Aufgabe betraut, in der Regel die Arbeitsschutzbehörden bzw. Gewerbeaufsichtsämter, die entsprechend – je nach Bundesland – unterschiedlich aufgebaut sein können. Im Arbeitsschutz haben sie die Aufgabe zu überprüfen, ob die Aufgaben und Schutzmaßnahmen auf Basis der geltenden Arbeitsschutzgesetze (unter anderem Arbeitsschutzgesetz und Arbeitssicherheitsgesetz (ASiG), aber auch Mutterschutzgesetz oder Jugendarbeitsschutzgesetz) eingehalten werden. Die Gefährdungsbeurteilung ist ein zentraler Punkt, der bei einer Betriebsprüfung in den Blick genommen wird. Die Aufsichtsbehörden haben jederzeit das Recht, eine derartige Prüfung im Betrieb bzw. der Dienststelle vorzunehmen. Bei festgestellten Mängeln können sie Auflagen mit Fristen bis hin zu Bußgeldern erheben. Im Übrigen sind Interessenvertretungen je nach Gesetz (z. B § 77 Abs. 2 LPVG NRW, Art. 79 Abs. 1 BayPVG, § 89 Abs. 1 BetrVG etc.) dazu verpflichtet, mit den Aufsichtsbehörden bei Fragen des Arbeits- und Gesundheitsschutzes zusammenzuarbeiten. Die Zusammenarbeit bezieht sich insbesondere auf Anregungen,

Beratung und Auskunft. Die Aufsichtsbehörde ist folglich eine wichtige Anlaufstelle für die Interessenvertretung.

10. Welche Rolle spielt die Interessenvertretung bei der Gefährdungsbeurteilung?

Interessenvertretungen haben im Arbeits- und Gesundheitsschutz ein bedeutendes Mitsprache- und Mitbestimmungsrecht. Jeder Schritt der Gefährdungsbeurteilung unterliegt der Mitbestimmung, sofern es keine abschließenden gesetzlichen Regelungen gibt (vgl. Kapitel I). Zudem haben Interessenvertretungen gesetzlich die Aufgabe, die Einhaltung von Gesetzen seitens der Arbeitgebenden zu überwachen. Ihnen kommt also neben der Mitbestimmungs- und Gestaltungsrolle auch eine Wächterfunktion zu. Die Mitbestimmungsrechte im Arbeits- und Gesundheitsschutz zu nutzen, ist eine gute Möglichkeit und Grundlage, um gesundheitsgerechte Arbeitsbedingungen für Beschäftigte durchzusetzen.

11. Welche Rolle spielen die Berufsgenossenschaften?

Je nach Branche ist der Betrieb oder die Dienststelle gegen Unfälle versichert. Das bedeutet, dass die Beschäftigten bei der Ausführung der Arbeit über den Arbeitgebenden gegen Unfälle und Gesundheitsschäden versichert sind. Im öffentlichen Dienst ist es meistens die Unfallversicherung, in wirtschaftlichen Betrieben eine Berufsgenossenschaft, z. B. im Baugewerbe die Berufsgenossenschaft der Bauwirtschaft (BG BAU), im Pflegebereich die Berufsgenossenschaft für Gesundheitsdienst und Wohlfahrtspflege (BGW), im Handel die Berufsgenossenschaft Handel und Warenlogistik (BGHW) und so weiter. Diese Unfallversicherer haben unter anderem die Aufgabe, Arbeits- und Gesundheitsschutz im Betrieb zu fördern, indem sie die Arbeitgebenden, aber auch die Interessenvertretung in Arbeitsschutzfragen beraten oder im Schadensfall Ursachen untersuchen, medizinische Betreuung oder Rehabilitation sowie ggf. Schadensersatz leisten. In Bezug auf die Gefährdungsbeurteilung bieten die Unfallversicherer Beratungen an und manche haben sogar eigene Methoden und Instrumente entwickelt, z. B. zur Gefährdungsbeurteilung psychischer Belastungen, die sie für die

Selbstanwendung frei zu Verfügung stellen. Damit Unfälle und Gesundheitsschäden vermieden werden können, ist eine Gefährdungsbeurteilung notwendig. Auf diesen Aspekt schaut auch eine Berufsgenossenschaft, wenn sie zur Prüfung im Betrieb ist. Ebenso wie die staatliche Aufsichtsbehörde ist die Berufsgenossenschaft bzw. Unfallversicherung ein wichtiger Ansprechpartner für die Interessenvertretung und kann diese z. B. bei Fragen des Arbeitsschutzes beraten.

12. Was passiert, wenn Arbeitgebende keine Gefährdungsbeurteilung durchführen?

Die Durchführung der Gefährdungsbeurteilung ist eine gesetzliche Pflicht der Arbeitgebenden, welche der Mitbestimmung durch die im Betrieb vorhandene Interessenvertretung unterliegt. Diese überwacht auch die Einhaltung der gesetzlichen Verpflichtungen durch die Arbeitgebenden.
Erfüllen Arbeitgebende diese Pflicht nicht und kommt es z.B. zu einem Unfall im Betrieb mit potenziellen Gefährdungen für Beschäftigte, kann das Fehlen der Gefährdungsbeurteilung für die Arbeitgebenden nachteilig sein. Wenn nach einem Unfall Aufsichtsbehörden und Berufsgenossenschaften zur Prüfung in den Betrieb oder die Dienststelle kommen und es fehlen Nachweise einer Gefährdungsbeurteilung, kann dies bußgeldbewehrt sein (vgl. Kapitel G). War eine potenzielle Gefährdung sogar bekannt, weil z.B. Beschäftigte oder die Interessenvertretung darauf (möglichst schriftlich) hingewiesen haben, und sind die Arbeitgebenden nicht tätig geworden, kann dies sogar strafrechtlich relevant sein. Eine ordnungsgemäße und vollständige Gefährdungsbeurteilung liegt also im Interesse sowohl der Interessenvertretungen und Beschäftigten als auch der Arbeitgebenden.

13. Besteht ein individuell einklagbarer Anspruch der Beschäftigten auf Durchführung einer Gefährdungsbeurteilung?

Ja, es besteht ein individualrechtlicher Anspruch auf eine Gefährdungsbeurteilung. Dies hat das BAG in einem Urteil vom 12.8.2008 (9 AZR 1117/06, BAGE 127, 205–214) entschieden. Auf der Grundlage von § 5 Abs. 1 ArbSchG i. V. m. § 618 Abs. 1 BGB können auch einzelne Beschäftigte eine Gefährdungsbeurteilung einklagen. Nach § 4 ArbSchG isind Arbeitgebende verpflichtet, die Arbeit so zu gestalten, dass Gefährdungen für Leben und Gesundheit vermieden oder, wenn eine gänzliche Vermeidung nicht möglich ist, mindestens reduziert werden. Die Grundlage dafür ist die Gefährdungsbeurteilung. Kommen Arbeitgebende dieser Pflicht nicht nach und stellen Beschäftigte potenzielle Gefährdungen im Arbeitsprozess fest, sollten sie sofort die zuständige Sicherheitsfachkraft und die Arbeitgebenden informieren. Passiert auch dann nichts, kann der Rechtsweg eingeschlagen werden.

14. Zu welchem Zeitpunkt ist eine Gefährdungsbeurteilung durchzuführen?

Grundsätzlich gilt, dass eine Gefährdungsbeurteilung vor Inbetriebnahme einer neuen Arbeitsstätte (Betrieb oder Dienststelle) durchgeführt und passende Arbeitsschutzmaßnahmen ergriffen werden müssen. Das ist die anlassunabhängige Gefährdungsbeurteilung. Eine solche muss in regelmäßigen Abständen überprüft und bei Bedarf aktualisiert werden. Hierfür ist in Abhängigkeit von den betrieblichen Umständen ein fester Turnus festzulegen, z. B. einmal im Kalenderjahr (vgl. BAG 7.12.2021 - ABR 25/20). Werden in einem bereits existierenden Betrieb oder einer Dienststelle neue Arbeitsbereiche, Produktionslinien, Arbeitsmittel oder Tätigkeiten eingerichtet, ist ebenfalls vorab eine Gefährdungsbeurteilung durchzuführen. Dies ist dann ein Fall der anlassbezogenen Gefährdungsbeurteilung. Eine solche muss immer dann umfassend oder in Teilen durchgeführt werden, wenn sich etwas in Bezug auf die Arbeitsstätte, die Arbeit, die potenziellen Gefährdungen, Arbeitsumgebungsbedingungen oder aber gesetzliche Vorgaben, den Stand der Technik, Arbeitswissenschaft oder Hygiene ändert.

Sowohl die anlassunabhängige als auch die anlassbezogene Gefährdungsbeurteilung ist mitbestimmungspflichtig, weshalb die Interessenvertretung immer mit im Boot sein muss.

B. Wichtige Schritte der Gefährdungsbeurteilung

15. Was ist gemäß § 4 ArbSchG unter »Gefährdung« in Abgrenzung zur »Gefahr« gemeint?

Eine »Gefährdung« bezeichnet die potenzielle Beeinträchtigung der Gesundheit und Sicherheit von Beschäftigten während der Ausübung ihrer Arbeitsaufgaben, unabhängig von der Bewertung der Eintrittswahrscheinlichkeit und Schadensschwere (Risikobeurteilung) . Daher ist es erforderlich, im Rahmen der Gefährdungsbeurteilung sämtliche möglichen Gefährdungen (Gefährdungsfaktoren) zu identifizieren und zu bewerten, denen Beschäftigte bei ihrer Tätigkeit ausgesetzt sein könnten (vgl. BAuA & DGUV (2013)).
Eine »Gefahr« (Unfallgefahr oder arbeitsbedingte Gesundheitsgefahr) ist dann gegeben, wenn das ermittelte Risiko für einen Gefährdungsfaktor gemäß der Gefährdungsbeurteilung überschritten wird, z. B. wenn ein Grenzwert oder Schwellenwert überschritten ist. Diese Überschreitung stellt dann eine unmittelbare Gefahr für die Beschäftigten hinsichtlich ihrer Gesundheit und Sicherheit dar. Es besteht unverzüglicher Handlungsbedarf (vgl. BAuA & DGUV (2013)).

16. Wer ist verantwortlich für die Durchführung der Gefährdungsbeurteilung?

Verantwortlich für die Durchführung der Gefährdungsbeurteilung sind grundsätzlich die Arbeitgebenden (§ 2 DGUV V1, vgl. DGUV (2013)). Die Arbeitgebenden können jedoch diese Unternehmerpflicht per Pflichtenübertragung nach § 13 DGUV V1 delegieren, also »zuverlässige und fachkundige Personen schriftlich damit beauftragen, ihnen nach Unfallverhütungsvorschriften obliegende Aufgaben in eigener Verantwortung wahrzunehmen«. Die Beauftragung muss den Verantwortungsbereich und Befugnisse festlegen und ist vom Beauftragten zu unterzeichnen. Eine Ausfertigung der Beauftragung ist ihm auszuhändigen (§ 13 DGUV V1). Von ihrer Grundverantwortung können Arbeitgebende sich allerdings trotz Delegation nicht befreien: Die letztendliche Verantwortung liegt immer bei ihnen.

Üblich ist es, dass betriebsintern Aufgaben und Pflichten im Arbeitsschutz an befähigte Beschäftigte, z. B. Führungskräfte, übertragen werden. Zum einen tragen Führungskräfte, sofern sie weisungsbefugt sind, ohnehin einen Teil der Verantwortung für den Arbeitsschutz. Zum anderen ist häufig hilfreich, wenn die Führungskräfte aktiv in den Arbeitsschutz eingebunden werden, so auch in die Gefährdungsbeurteilung und die Umsetzung von Arbeitsschutzmaßnahmen. Welche Aufgaben Führungskräfte konkret übernehmen dürfen, hängt von deren Befähigungen und Qualifikationen ab.

17. Was sind die acht »Prozessschritte der Gefährdungsbeurteilung«?

Die Bundesanstalt für Arbeitsschutz und Arbeitsmedizin (BAuA) empfiehlt, den Prozess der Gefährdungsbeurteilung anhand von acht Prozessschritten zu organisieren (vgl. BAuA (2025), Teil 1):

Schritt 1: Vorbereiten
Schritt 2: Gefährdungen ermitteln
Schritt 3: Gefährdungen beurteilen
Schritt 4: Maßnahmen festlegen
Schritt 5: Maßnahmen umsetzen
Schritt 6: Wirksamkeit der Maßnahmen überprüfen
Schritt 7: Ergebnisse dokumentieren
Schritt 8: Fortschreiben

Das empfohlene ganzheitliche Vorgehen gilt gleichermaßen für alle Gefährdungsfaktoren, die einzelnen Prozessschritte müssen inhaltlich jedoch an die entsprechenden Gefährdungen angepasst werden. Der Vorteil dieses Prozessgedankens liegt darin, dass so die einzelnen Schritte im betrieblichen Arbeitsschutz aufeinander aufbauen und gut in die betriebliche Organisation eingepasst werden können.

18. Warum trennt das BAG den Prozess der Gefährdungsbeurteilung in verschiedene Bestandteile?

Im Jahr 2019 hatte das BAG (19.11.2019 – 1 ABR 22/18, BAGE 168, 323–336) darüber zu entscheiden, ob in ein und derselben Einigungsstelle sowohl die Gefährdungsbeurteilung, die Maßnahmen und deren Wirksamkeitskontrolle entschieden werden durften. Dies war nach Ansicht des Gerichts nicht zulässig, da Grundlage dieser Einigungsstelle die Gefährdungsbeurteilung nach § 5 ArbSchG war, der jedoch nur die Beurteilung der Arbeitsbedingungen betrifft. Die Ableitung der Maßnahmen folgt hingegen aus § 3 Abs. 1 und 2 ArbSchG. Dieser Bezug der Mitbestimmung auf unterschiedliche Paragrafen im Arbeitsschutzgesetz bedeutet jedoch nicht, dass nicht mehr alle acht Schritte der Gefährdungsbeurteilung, wie sie die BAuA als arbeitswissenschaftlichen Standard setzt, mitbestimmungspflichtig sind. Sie können lediglich nicht in einer einzigen Einigungsstelle per Spruch beschlossen werden.

In der Praxis bedeutet dies: Kann zwischen Arbeitgebenden und Interessenvertretung keine Einigkeit über eine Prozessvereinbarung aller acht Schritte hergestellt werden, müsste diese Einigung in mehreren Einigungsstellen zu den verschiedenen Mitbestimmungstatbeständen herbeigeführt werden.

19. Was bedeutet »Vorbereiten« (Schritt 1)?

In Schritt 1 »Vorbereiten« werden alle Vorbereitungen für die Gefährdungsbeurteilung zusammengefasst. Dazu gehören zunächst das Festlegen der zu betrachtenden Arbeitsbereiche und die Zusammenfassung von Tätigkeiten und Personengruppen.

In der Gefährdungsbeurteilung können gleichartige Tätigkeiten zusammengefasst werden. In der Praxis geschieht dies häufig allerdings in zu groben Clustern, so dass ein Teil der potenziellen Gefährdungen gar nicht

betrachtet wird. Zudem ist in diesem Schritt zu prüfen, welche Arbeitsschutzregeln, arbeitsmedizinischen Erkenntnisse etc. für die zu betrachtenden Tätigkeiten und Arbeitsbereiche herangezogen werden müssen.
Praxistipp: Bevor gleichartige Tätigkeiten zusammengefasst werden, hilft es, eine Arbeitssystemanalyse vorzunehmen. In dieser Analyse werden die Arbeitsbereiche mit ihren Arbeitsplätzen, den (Teil-)Tätigkeiten, den Umgebungsbedingungen sowie anderen relevanten Aspekten aufgegliedert. Das sind klassische Aufgaben der Fachkraft für Arbeitssicherheit und der Betriebsärztin/des Betriebsarztes und im Grunde Basis für die Zusammenfassung von Tätigkeiten. Es schadet nicht, als Interessenvertretung nach dieser Datenbasis im Rahmen der Vorbereitung der Gefährdungsbeurteilung zu fragen.
Ebenfalls wird im ersten Schritt geprüft, welche besonderen Personengruppen im Betrieb beschäftigt sind und ob diese gesonderte personenbezogene Gefährdungsbeurteilungen benötigen, wie sie z. B. für werdende oder stillende Mütter sowie Jugendliche gesetzlich vorgeschrieben sind.
Nach der Festlegung der zu beurteilenden Tätigkeiten, Arbeitsbereiche und Personengruppen wird geprüft, mit welcher Methode die zu betrachtenden Gefährdungen am besten beurteilt werden können.

20. Was bedeutet »Gefährdungen ermitteln« (Schritt 2)?

In Schritt 2 »Gefährdungen ermitteln« wird zunächst neutral der Ist-Stand bezüglich der Tätigkeiten und Arbeitsbereiche betrachtet.
Dazu gibt es je nach Gefährdungsfaktor unterschiedliche Methoden, bei der technisch-organisatorischen Gefährdungsbeurteilung z. B. Messungen (Lärmmessungen, Messungen der Luftqualität o. ä.), Modellrechnungen, Begehungen mit Fragenkatalog (z. B. mit der Leitmerkmalmethode für Heben-Tragen oder Zieh-Tätigkeiten). Hinsichtlich der Gefährdungsbeurteilung psychischer Belastungen bieten sich insbesondere schriftliche Beschäftigtenbefragungen (möglichst mit validiertem Fragebogen), Interviews durch besonders fachkundige Personen und/oder moderierte Analyseworkshops an.
Die verschiedenen Verfahren der Gefährdungsbeurteilung unterscheiden sich durch die Tiefe der Analyse, den Bezug zu den Tätigkeiten (»Bran-

chenspezifik«), die Methode der Datengewinnung und die Anbindung an wissenschaftliche Theorien.

Hilfreich ist es auch, bei der Betrachtung der Belastungen Erkenntnisse aus der arbeitsmedizinischen Vorsorge, eine anonymisierte Auswertung von BEM-Fällen (Betriebliches Eingliederungsmanagement) sowie anonymisierte Auswertungen von Dokumenten wie Überlastungsanzeigen, Unfallanzeigen, Verbandbüchern, Sicherheitsdatenblätter, Gesundheitsberichte der Krankenkassen etc. hinzuzuziehen.

21. Was muss unter »Gefährdungen beurteilen« (Schritt 3) erledigt werden?

Werden in Schritt 2 die Belastungen neutral erhoben, erfolgt in Schritt 3 die Beurteilung der Belastungen hinsichtlich ihres Gefährdungspotenzials. In dieser Risikobewertung wird je nach Gefährdungsfaktor anhand von arbeitsmedizinischen Erkenntnissen, rechtlichen Vorgaben (Verordnungen, Unfallverhütungsvorschriften), Grenz- und Mindestwerten, Erfahrungswerten und berufsgenossenschaftlichen Regeln eine Einschätzung vorgenommen, wie wahrscheinlich gesundheitliche Risiken aufgrund der Arbeit entstehen können.

Je nach Gefährdungsfaktor können die Schwellenwerte für die Risikobewertung unterschiedlich sein. Häufig wird für die Risikobewertung die Matrix nach Nohl verwendet, z. B. wenn keine Grenzwerte vorgegeben sind:

Eintrittswahrscheinlichkeit	Schadensschwere				
	Keine gesundheitlichen Folgen	Bagatellfolgen (die Arbeit kann fortgesetzt werden)	Mäßig schwere Folgen (Arbeitsausfall, ohne Dauerschäden)	Schwere Folgen (irreparable Dauerschäden möglich)	Tödliche Folgen
Praktisch unmöglich	gering	gering	gering	mittel	mittel
Vorstellbar	gering	gering	mittel	mittel	hoch
Durchaus möglich	gering	mittel	mittel	hoch	hoch
Zu erwarten	gering	mittel	hoch	hoch	hoch
Fast gewiss	gering	mittel	hoch	hoch	hoch

Quelle: Verwaltungs-Berufsgenossenschaft (VBG): Leitfaden VBG-Fachwissen »Gefährdungsbeurteilung – So geht's«, Online unter: *https://www.vbg.de/cms/arbeitsschutz/arbeitsschutz-organisieren/gefaehrdungsbeurteilung*

22. Was bedeutet »Maßnahmen festlegen« (Schritt 4)?

Sind die Belastungen ermittelt und ist eine Risikobewertung erfolgt, ist der Arbeitgebende nach § 4 ArbSchG verpflichtet, Maßnahmen zu ergreifen, um diese Gefährdungen zu beheben oder so weit wie möglich zu minimieren. Die Gefährdungen mit dem größten Risiko haben dabei auch die höchste Priorität. Bei der Entwicklung von Maßnahmen ist im Gesetz eine Rangfolge der Gesundheitsschutzmaßnahmen beschrieben. Als arbeitsmedizinische Erkenntnis hat sich dabei das STOPP-Prinzip bewährt (vgl. BAuA (2025), *https://www.baua.de/DE/Themen/Arbeitsgestaltung/Gefaehrdungsbeurteilung/Handbuch-Gefaehrdungsbeurteilung/Grundlagenwissen/Prozessschritte-der-Gefaehrdungsbeurteilung/Prozessschritte-der-Gefaehrdungsbeurteilung_dossier?pos=4*).

S Substitution (Gefahrenquelle vermeiden oder beseitigen)
T Technische Maßnahmen (z. B. lärmende Anlage »einhausen«)
O Organisatorische Maßnahmen (z. B. Arbeitsplatzrotation)
P Persönliche Schutzausrüstung (z. B. Gehörschutz)
P Personenbezogene (Verhaltens-)Maßnahmen (z. B. Ergonomie-Kurse, Rückenschule, Qualifikationen)

Anhand des STOPP-Prinzips sind Arbeitsschutzmaßnahmen für alle festgestellten Gefährdungen abzuleiten, bei denen Handlungsbedarf geboten ist. Dabei sollte eine Prioritätenliste (Dringlichkeit und Bedeutsamkeit der Belastung, Durchführbarkeit im Hinblick auf Zeit, Kosten, Personal) erstellt werden, um sicherzustellen, dass die dringlichsten Maßnahmen möglichst schnell umgesetzt werden. In der Praxis wird meistens eine Kombination verschiedener Maßnahmen ausgewählt, weil es selten nur die eine zielführende Maßnahme gibt. Auch sind mögliche Wechselwirkungen von Arbeitsschutzmaßnahmen verschiedener Gefährdungsfaktoren zu berücksichtigen. Dabei kommt den Gefährdungen mit dem höchsten Risiko die höchste Priorität zu.
Dokumentiert werden die Maßnahmen in einem Maßnahmenplan, welcher Verantwortlichkeiten – wer, was, wann, (wo, wie, mit wem, …), bis wann? – festlegt.

23. Was bedeutet »Maßnahmen umsetzen« (Schritt 5)?

Entscheidend für eine erfolgreiche Gefährdungsbeurteilung ist die Überführung der gesetzlichen Pflicht in einen gelebten betrieblichen Arbeitsschutz. Hier sind insbesondere die für den Arbeitsschutz verantwortlichen Führungskräfte gefragt. Regelmäßige Überprüfungen des Maßnahmenplans helfen, die Einhaltung der Fristen für die Umsetzung von Maßnahmen im Auge zu behalten.
Zur Umsetzung der im Maßnahmenplan festgehaltenen Maßnahmen gehört auch eine sachgerechte Unterrichtung und Unterweisung der Beschäftigten. Diese ist arbeitsplatzbezogen zu erstellen und soll sowohl über die Maßnahmen unterrichten als auch Hinweise für die Vermeidung weiterer Gefahren enthalten.

24. Was meint »Wirksamkeit der Maßnahmen überprüfen« (Schritt 6)?

Mit der Wirksamkeitskontrolle ist die Prüfung der Maßnahmen auf ihre Tauglichkeit zur Behebung bzw. Reduktion des Gefährdungspotenzials gemeint. Dazu wird die Wirksamkeit der Maßnahmen direkt nach den vereinbarten Terminen und dann fortlaufend in festgelegten Abständen geprüft. Überprüft werden folgende Fragen:

- Sind die Maßnahmen termingerecht umgesetzt worden?
- Wurden die Arbeitsschutzziele mit den Maßnahmen erreicht?
- Haben die Maßnahmen vielleicht neue Gefährdungen oder Belastungen hervorgerufen?

Der Zeitpunkt, die Methode und die Verantwortlichkeiten für die Wirksamkeitskontrolle sind direkt im Prozess der Ableitung von Maßnahmen (Schritt 4) zu erarbeiten und zu vereinbaren und im Maßnahmenplan zu dokumentieren. Ebenso wie das Ergebnis nach der erfolgten Wirksamkeitskontrolle. Kann in der Überprüfung keine oder nur eine zu geringe Reduktion der Gefährdungen festgestellt werden, sind neue Maßnahmen mit einer höheren Schutzwirkung umzusetzen.

25. In welchem Umfang sind »Ergebnisse zu dokumentieren« (Schritt 7)?

In § 6 ArbSchG ist auch die Verpflichtung der Arbeitgebenden zur umfassenden Dokumentation der Gefährdungsbeurteilung verankert. Aus der Dokumentation müssen das Ergebnis der Gefährdungsbeurteilung, die abgeleiteten Maßnahmen und die Ergebnisse der Wirksamkeitskontrolle ersichtlich sein. Die Dokumentation sollte so erfolgen, dass auch dritte Personen, z. B. Behörden, bei einer Prüfung nachvollziehen können, wie die Beurteilung und die Maßnahmen zustande gekommen sind und wann, in welcher Form und mit welchem Ergebnis die Wirksamkeitskontrolle stattgefunden hat. Jegliche zur Ermittlung der Belastungen und der Risikobewertung genutzten Dokumente sollten daher der Dokumentation beigefügt und nicht nur das eigentliche Ergebnis der Gefährdungsbeurteilung festgehalten werden.

26. Was ist mit »Fortschreibung« der Gefährdungsbeurteilung gemeint (Schritt 8)?

Grundsätzlich sind keine festen Rhythmen zur Fortschreibung der Gefährdungsbeurteilung im Arbeitsschutzgesetz festgelegt. Die Betriebsparteien müssen allerdings abstrakt den Turnus für die anlasslose Wiederholung festlegen (vgl. BAG 7.12.2021 – ABR 25/20). Als arbeitsmedizinischer Standard hat sich bzgl. der technisch-organisatorischen Gefährdungsbeurteilung eine Überprüfung und Fortschreibung im jährlichen Rhythmus bewährt (anlassunabhängige Gefährdungsbeurteilung) . Hinsichtlich der Gefährdungsbeurteilung Psyche wird von der GDA alle drei Jahre eine Überprüfung durch erneute Durchführung z. B. einer Befragung empfohlen.

Zu beachten ist, dass für einzelne Gefährdungen wiederkehrende Prüffristen vorgeschrieben sind, beispielsweise für Arbeitsmittel, Hebezeuge (Krane) oder Maschinen gem. Betriebssicherheitsverordnung.

Von diesen regelmäßigen Fortschreibungen und Überprüfungen der Aktualität der Gefährdungsbeurteilungen abgesehen, gibt es konkrete Anlässe, die auch unterjährig eine Überprüfung erfordern (anlassbezogene Gefährdungsbeurteilung) :

- Einführung neuer Arbeitsabläufe,
- Anschaffung neuer Geräte,
- Verwendung neuer Arbeitsstoffe oder Gefahrstoffe,
- Umgestaltung von Arbeitsbereichen,
- Änderung der Arbeitsorganisation und des Arbeitsablaufs,
- neue und/oder geänderte Verordnungen.

Auch können Arbeitsunfälle, Beinahe-Unfälle oder Verdachtsfälle beruflich bedingter Erkrankungen sowie ein allgemein erhöhter Krankenstand Hinweise auf unentdeckte Gefährdungen und Belastungen sein und eine Überprüfung der Gefährdungsbeurteilung im Rahmen der Fortschreibung erfordern.

27. Wer muss an der Gefährdungsbeurteilung beteiligt werden?

Die Verantwortung für die Gefährdungsbeurteilung, angefangen bei der Planung über die Umsetzung bis hin zur Wirksamkeitskontrolle, haben nach dem Arbeitsschutzgesetz (§§ 3 i. V. m. 5 ArbSchG) in erster Linie die Arbeitgebenden. Folglich sind sie an der Gefährdungsbeurteilung maßgeblich beteiligt. Diese Aufgabe können die Arbeitgebenden in der Regel nicht allein bewältigen, weshalb sie fachkundige Unterstützung von der

Fachkraft für Arbeitssicherheit und der Betriebsärztin/dem Betriebsarzt (gemäß §§ 3, 6 ASiG sowie §§ 3f.DGUV V2, vgl. DGUV (2024)) in beratender Funktion einholen. In der Regel sind diese Personen an der Gefährdungsbeurteilung beteiligt. Wer ebenfalls an der Gefährdungsbeurteilung von Beginn an zu beteiligen ist, ist die Interessenvertretung. Je nach Gefährdungsart kann es sein, dass weitere externe fachkundige Personen (z. B. der zuständigen Berufsgenossenschaft oder Messtechniker*innen) hinzugezogen werden, wenn spezielle Ermittlungsmethoden wie Lärmmessungen, Vibrationsmessungen etc. durchgeführt werden sollen.

28. Welche Daten oder Informationen werden für eine Gefährdungsbeurteilung benötigt?

Diese Frage ist nicht abschließend zu beantworten, weil für eine Gefährdungsbeurteilung sämtliche Informationen und Daten vorliegen sowie berücksichtigt werden müssen, die zur Beurteilung des entsprechenden Gefährdungsfaktors hilfreich sind. Zu klassischen betrieblichen Informationsquellen, die bei der Planung, Vorbereitung und Umsetzung der Gefährdungsbeurteilung hilfreich sind, zählen unter anderem Ergebnisse aus der arbeitsmedizinischen Vorsorge, eine Auswertung der BEM-Fälle sowie von Dokumenten wie Unfallanzeigen, Verbandbücher, Sicherheitsdatenblätter, Gefährdungs- oder Überlastungsanzeigen – selbstverständlich unter Wahrung des Datenschutzes und der Anonymisierung. Diese Informationen geben wichtige Hinweise darauf, welche Gefährdungen auf die Beschäftigten bei ihrer Arbeit einwirken. Für spezifische Gefährdungsfaktoren wie Gefahrstoffe ist es wichtig, die entsprechenden Sicherheitsdatenblätter zu kennen, bei Arbeitsmitteln wie Maschinen, Flurförderzeugen, PC-Bildschirmen etc. können die Herstellerangaben zur Beurteilung hinzugezogen werden.

29. Welche außerbetrieblichen Informationen können bei der Gefährdungsbeurteilung helfen?

Empfehlenswert ist, nicht nur die betrieblichen Informationsquellen hinzuzuziehen, sondern auch den Stand der Technik, Arbeitswissenschaft und

Hygiene zu kennen. Außerdem können Schwellen- oder Grenzwerte der technischen Regeln der BAuA bei der Beurteilung der Gefährdungen und der Ableitung von Arbeitsschutzmaßnahmen helfen, die Arbeitsschutzziele aus Gesetzen und Verordnungen zu erreichen. Letztere sollten ebenfalls allen an der Gefährdungsbeurteilung Beteiligten bekannt sein.
Damit die Interessenvertretung ihr Informations- und Mitbestimmungsrecht wahrnehmen kann, sind ihr alle Informationen, die zur Gefährdungsbeurteilung hinzugezogen werden, zur Verfügung zu stellen. Auch ist zu empfehlen, dass sie darauf achtet, dass insbesondere die betrieblichen Informationen und der aktuelle Stand der Technik und der Arbeitswissenschaft etc. bei der Beurteilung Berücksichtigung finden. Denn nur so kann eine systematische Beurteilung aller Gefährdungen erfolgen.

30. Worauf ist bei der Gefährdungsbeurteilung mit Blick auf besondere Personengruppen (z. B. Schwangere, Schwerbehinderte, Jugendliche) zu achten?

Eine Gefährdungsbeurteilung wird für alle Beschäftigten vorgenommen. Hierbei ist wichtig, darauf zu achten, dass die Gefährdungsbeurteilung die besonderen Bedarfe oder andere Risiken für vulnerable Beschäftigtengruppen berücksichtigt. Auch die Gesetzgebung sieht eine verpflichtende Berücksichtigung vulnerabler Beschäftigter vor (§ 4 Nr. 6 ArbSchG; Art. 15 Richtlinie 89/391/EWG über die Durchführung von Maßnahmen zur Verbesserung der Sicherheit und des Gesundheitsschutzes der Beschäftigten bei der Arbeit). Dazu zählen z. B. Schwangere, Stillende, Beschäftigte mit unterschiedlichen körperlichen oder geistigen Einschränkungen oder Sinnesbeeinträchtigungen (Behinderungen), Ältere oder Jugendliche. Hier ist zu prüfen, ob die Gefährdungsbeurteilung auch passend für diese Beschäftigtengruppen ist, ob ein anderes bzw. höheres Risiko bei einzelnen Gefährdungen für eine Beschäftigtengruppe besteht und ob andere Arbeitsschutzmaßnahmen erforderlich sind. Für Schwangere und Stillende muss z. B. zusätzlich eine anlassunabhängige und anlassbezogene Gefährdungsbeurteilung durchgeführt werden (vgl. § 10 MuSchG). Bei Jugendlichen muss vor Arbeitsbeginn eine Gefährdungsbeurteilung nach dem

Arbeitsschutzgesetz in Verbindung mit dem Jugendarbeitsschutzgesetz vorgenommen werden. Für Beschäftigte mit Behinderungen ist zu prüfen, ob eine inkludierte Gefährdungsbeurteilung notwendig ist. Weiterhin ist es wichtig, dass sich alle Beschäftigten an der Gefährdungsbeurteilung beteiligen können, sofern erforderlich. Das betrifft z. B. Befragungen bei der Gefährdungsbeurteilung psychischer Belastungen oder auch Unterweisungen, die als eine besondere Form von Arbeitsschutzmaßnahmen gelten. Deshalb ist darauf zu achten, dass Informationen für jeden leicht verständlich sind (z. B. durch leichte Sprache oder Übersetzungen). Hier hat die Interessenvertretung auch Mitbestimmungsrechte, insbesondere bei der Gestaltung von Fragebögen und Unterweisungen.

31. Welche Methoden können für eine Gefährdungsbeurteilung eingesetzt werden?

Mit welcher Methode Gefährdungen und Belastungen ermittelt sowie beurteilt werden können, hängt stark von dem zu untersuchenden Gefährdungsfaktor ab. Gängige Methoden sind Begehungen, Arbeitsplatzanalysen, Messungen, schriftliche Befragungen der Beschäftigten, Beobachtungsverfahren und Beobachtungsinterviews sowie moderierte Analyseworkshops. Meistens bietet sich eine Kombination verschiedener Methoden an. Zur Beurteilung der Arbeitsstätte werden in der Regel Begehungen zur Beurteilung der räumlichen sowie ergonomischen Gegebenheiten und im Bedarfsfall Messungen zu Lärm und Temperatur durchgeführt. Für die Beurteilung psychischer Belastungen werden meistens eine schriftliche Befragung der Beschäftigten und anschließende moderierte Analyse-Workshops durchgeführt. Dies sind nur ein paar Beispiele für den Einsatz und die Kombinationsmöglichkeiten von Ermittlungsmethoden. In jedem Fall hat die Interessenvertretung bei der Auswahl der Methoden ein Mitbestimmungsrecht.

C. Einzelne Gefährdungsfaktoren (nach BAuA und GDA)

32. Wo sind Informationen zu finden, welche Gefährdungsfaktoren zu berücksichtigen sind?

Die Gemeinsame Deutsche Arbeitsschutzstrategie (GDA) hat zur Orientierung und als Qualitätsstandard für die Gefährdungsbeurteilung eine »Leitlinie Gefährdungsbeurteilung und Dokumentation« erstellt, in der die elf Hauptgruppen von Gefährdungsfaktoren sowie Untergruppen der jeweiligen Gefährdungsfaktoren aufgeführt werden (GDA (2017)). Anschaulich sind diese elf Gruppen der Gefährdungsfaktoren von der Bundesanstalt für Arbeitsschutz und Arbeitsmedizin in ihrem »Handbuch Gefährdungsbeurteilung« (aktuelle Fassung immer als Online-Version auf den Seiten der BAuA abrufbar) für die Gefährdungsbeurteilung aufbereitet. Es gibt Erklärungen zu den jeweiligen Gefährdungsfaktoren sowie Hinweise für einzelne Schritte der Gefährdungsbeurteilung. Nachfolgend wird auf die einzelnen Gruppen der Gefährdungsfaktoren eingegangen.

Die Interessenvertretung hat hier eine Wächter- und Mitbestimmungsaufgabe, nämlich darüber zu wachen, ob alle diese potenziellen Gefährdungen in der Gefährdungsbeurteilung systematisch berücksichtigt werden. Falls nicht, ist darauf hinzuwirken, dass sie einbezogen werden.

Die Beschreibungen in diesem Kapitel dienen als Überblick für die Interessenvertretung, was hinter den einzelnen Gefährdungsfaktoren steckt, wie sie sich äußern und wo sie in der Arbeitswelt vorkommen können. Es werden Anhaltspunkte geliefert, was die Interessenvertretung bei der Gefährdungsbeurteilung im Blick haben sollte und wo sie vertiefende Informationen einholen kann.

33. Was ist gut zu wissen hinsichtlich der Gefährdungsfaktoren?

Orientierung für die Interessenvertretung, worauf bei welchen Gefährdungen in der Gefährdungsbeurteilung zu achten ist, geben die dazugehörigen Arbeitsschutzverordnungen (sofern vorhanden) und die Technischen Regeln der BAuA. Bei Letzteren gibt es eine große Bandbreite an spezifischen Regelwerken, angefangen bei den Technischen Regeln für Arbeitsstätten, Technische Regeln für Gefahrstoffe (TRGS) sowie für Betriebssicherheit bis hin zu arbeitsmedizinischen Regeln (AMR). Diese Regeln geben Arbeitsschutzziele, Verfahren der Gefährdungsbeurteilung, teilweise Grenz-/Schwellenwerte sowie Arbeitsschutzmaßnahmen vor. Auch wenn sie keine Rechtsverbindlichkeit besitzen, haben diese Regelwerke eine Vermutungswirkung und sind entsprechend dem anerkannten Stand der Technik anzuwenden. Arbeitgebende sind gut beraten, diese Regeln zu berücksichtigen.
Sich im Dickicht der Verordnungen und Regelwerke zurechtzufinden, ist für viele Interessenvertretungen schwer und auch nicht ihre Hauptaufgabe. Für eine effektive Nutzung der Initiativ- und Mitbestimmungsrechte hilft ein gewisser Durch- und Überblick. Hierfür können auch die Fachkraft für Arbeitssicherheit und die Betriebsärztin/der Betriebsarzt beratend hinzugezogen werden. Zur Unterstützung bei der Wahrnehmung der Mitbestimmungsrechte hilft es weiterhin, externe Sachkundige (z. B. gemäß § 80 Abs. 3 BetrVG) hinzuzuziehen.

34. Was sind mechanische Gefährdungen?

Mechanische Gefährdungen können überall dort auftreten, wo der menschliche Körper bzw. Körperstellen mit Arbeitsmitteln (z. B. Maschinen, Werkzeuge) oder Betriebseinrichtungen (z. B. Regale, Türen, Treppen) bzw. einer nicht sicherheitsgerechten Gestaltung der Arbeitsstätte (z. B. Stolperfallen, rutschfördernder Fußboden etc.) zusammentreffen. Dabei können Unfälle und Verletzungen durch Anstoßen, Quetschen, Schnitte, Ausrutschen, Umknicken bis hin zu Abstürzen die Folgen sein. Da das Gefährdungspotenzial vielfältig ist, wurde die Gruppe mechanischer Gefährdungen in die nachfolgenden Gefährdungsfaktoren aufgegliedert:

- kontrolliert bewegte ungeschützte Teile,
- Teile mit gefährlichen Oberflächen,
- Transport und mobile Arbeitsmittel,
- unkontrolliert bewegte Teile,
- Sturz, Ausrutschen, Stolpern, Umknicken,
- Absturz.

Praxistipp: Diese Art der Gefährdungen lässt sich gut bei Betriebsbegehungen feststellen sowie durch die Auswertung von Unfallmeldungen. Hilfreiche Informationen zu Arbeitsschutzvorgaben sind unter anderem der Betriebssicherheitsverordnung und der Arbeitsstättenverordnung zu entnehmen.

35. Was sind elektrische Gefährdungen?

Elektrische Gefährdungen können z. B. überall dort auftreten, wo Beschäftigte bei der Arbeit mit einer Stromquelle in Kontakt kommen. Weiterhin können elektrische Gefährdungen auch ohne Stromquelle entstehen, nämlich bei der Entladung elektrostatischer Ladungen (wenn sich elektrische Ladungen angesammelt haben und bei Kontakt mit dem Menschen entladen). Elektrische Gefährdungen werden in zwei Gruppen unterteilt:

- elektrischer Schlag und Störlichtbogen: Diese Gefährdung kann z. B. beim Arbeiten an elektrischen Anlagen, bei der Durchführung von Arbeiten unter Spannung oder der Arbeit mit elektrischen Arbeitsmitteln (z. B. Kassen, Drucker, PCs, Bohrmaschinen, Schleifmaschinen etc. auftreten).
- statische Elektrizität: Hier können Gefährdungen z. B. durch elektrischen Schlag beim Berühren von Türklinken oder Zahlenschlössern entstehen sowie dem Berühren von Rolltreppen oder anderen Betriebseinrichtungen.

Wichtige rechtliche Grundlagen für die Gefährdungsbeurteilung sind hier z. B. die Betriebssicherheitsverordnung und die DGUV Vorschrift 3 (vgl. DGUV (2024)).

36. Warum ist es wichtig, Gefahrstoffe in den Blick zu nehmen?

Gefahrstoffe können bei jeder Tätigkeit in Form von chemischen Stoffen oder Gemischen am Arbeitsplatz vorkommen. Dieser Gefährdungsfaktor ist nicht zu unterschätzen, weil ein bedeutender Anteil der gemeldeten Berufskrankheiten auf Gefahrstoffe zurückzuführen ist.
Was in einer Gefährdungsbeurteilung nicht immer berücksichtigt wird, sind z. B. nicht gekennzeichnete, entstehende oder freigesetzte Gefahrstoffe. Gefährdungen können sich hier durch Einatmen von Stoffen, z. B. Gase, Dämpfe, Staub oder Ausdünstungen (etwa durch Arbeitsstoffe oder Arbeitsmittel) ergeben.
Gefährdungen durch Gefahrstoffe gehören in den Geltungsbereich der Gefahrstoffverordnung und können sich durch folgende Faktoren ergeben (vgl. BAuA (2025), Teil 2: Gefährdungsfaktoren – Gefahrstoffe):

- Einatmen von Gefahrstoffen,
- Hautkontakt mit Gefahrstoffen,
- Brand- und Explosionsgefährdung,
- Explosivstoffe und pyrotechnische Gegenstände.

Diese Auflistung zeigt, wie komplex das Feld der Gefährdungen durch Gefahrstoffe sein kann und weshalb sie in der Gefährdungsbeurteilung nicht vernachlässigt werden dürfen.
Im Rahmen der Gefährdungsbeurteilung sollten immer die Sicherheitsdatenblätter sowie das Gefahrstoffverzeichnis in Bezug auf mögliche Gefährdungen geprüft werden. Außerdem müssen diese Dokumente vollständig und aktuell sein. Weiterhin lohnt sich ein Blick in die Technischen Regeln zu Gefahrstoffen der BAuA (vgl. BAuA (o.D.), TRGS), weil hier wichtige Arbeitsschutzvorgaben zu finden sind.

37. Warum ist es wichtig, Biostoffe in den Blick zu nehmen?

Bei der Arbeit mit Biostoffen (gemäß Biostoffverordnung) können Gefährdungen durch den Kontakt mit Viren, (Schimmel-)Pilzen, Bakterien und anderen Zellkulturen entstehen. Negative Gesundheitsfolgen können dabei Infektionen sowie sensibilisierende oder toxische Wirkungen sein.

Typisch für die Arbeit oder den Kontakt mit Biostoffen sind Laboratorien, (Versuchs-)Tierhaltung, Land- und Forstwirtschaft, Abfall- und Abwasserwirtschaft oder Pandemie-Situationen.
Biostoffe sind im Arbeitsschutz in vier Risikogruppen (1 bis 4) unterteilt. Für vulnerable Beschäftigte wie Schwangere und Stillende sowie Jugendliche sind besondere Risiken zu beachten.
Für eine bessere Orientierung, was genau bei der Gefährdungsbeurteilung zu berücksichtigen ist, lohnt sich ein Blick in die Biostoffverordnung, die Technischen Regeln der BAuA für Biologische Arbeitsstoffe (TRBA) sowie die Informationen der DGUV zu diesem Thema.

38. Worauf ist bei thermischen Gefährdungen zu achten?

Diese Art von Gefährdung kann überall dort auftreten, wo Beschäftigte mit heißen oder kalten Arbeitsmitteln sowie Betriebseinrichtungen in Kontakt kommen oder damit arbeiten. Ein Arbeitsunfall in Bezug auf thermische Gefährdungen kann langfristige negative Gesundheitsfolgen auslösen. Deshalb ist in der Gefährdungsbeurteilung zu überprüfen, ob Beschäftigte bei ihrer Arbeitstätigkeit mit dieser Art von Gefährdung in Kontakt kommen.
Unter dem Begriff »Thermische Gefährdungen« sind zwei Arten von Gefährdungen zusammengefasst:

- Gefährdungen durch heiße Medien bzw. Oberflächen,
- Gefährdungen durch kalte Medien bzw. Oberflächen.

39. Wodurch können bei physikalischer Einwirkung Gefährdungen entstehen?

Physikalische Gefährdungen sind in der Arbeitswelt in unterschiedlicher und breit gefächerter Form wiederzufinden. Meist sind es physikalische Einwirkungen auf die Beschäftigten, die aufgrund der Arbeitsumgebungsbedingungen verursacht werden. Mit Arbeitsumgebung sind alle Einflüsse in der Arbeitsstätte bzw. auf dem Betriebsgelände gemeint, die auf den Menschen bei seiner Arbeitstätigkeit einwirken können, z. B. Lärm,

Vibrationen, elektromagnetische Felder etc. Von physikalischen Gefährdungen können hohe Gesundheitsrisiken ausgehen, weshalb dies eines der wichtigsten Gestaltungsfelder (Arbeitsschutzmaßnahmen) im Arbeitsschutz ist. Wichtige Arbeitsschutzvorgaben und Rahmenbedingen für die Gefährdungsbeurteilung sind unter anderem der Lärm- und Vibrations-Arbeitsschutzverordnung, der Arbeitsschutzverordnung zu künstlicher optischer Strahlung oder der Arbeitsschutzverordnung zu elektromagnetischen Feldern sowie den einschlägigen technischen Regelwerken oder Vorgaben der Berufsgenossenschaften zu entnehmen.
Dieser Gefährdungsfaktor wird im Arbeitsschutz und folglich auch für die systematische Gefährdungsbeurteilung in verschiedene Untergruppen aufgegliedert:

- Lärm,
- Vibrationen,
- optische Strahlung,
- elektromagnetische Felder,
- ionisierende Strahlung,
- Unter- oder Überdruck.

40. Welche Gefährdungen durch die Arbeitsumgebungsbedingungen sind in der Gefährdungsbeurteilung zu berücksichtigen?

Unter Arbeitsumgebungsbedingungen wird ein sehr großes Feld potenzieller Gefährdungen zusammengeführt. Dazu gehören unter anderem die Gestaltung der Arbeitsstätte, klimatische Faktoren und Beleuchtung sowie die Gestaltung der Benutzungsschnittstellen zwischen den Beschäftigten und betrieblichen Arbeitsmitteln. In der Arbeitsstätte, also dem Arbeitsbereich oder Arbeitsplatz, an dem Beschäftigte ihrer Arbeitstätigkeit nachgehen, können verschiedene Gefährdungen auf sie einwirken. Das können fehlende Arbeitsplatzergonomie, nicht eingehaltene Maße bei Verkehrs- oder Fluchtwegen, fehlende oder schlecht gestaltete Sozialräume oder sanitäre Anlagen, schlechte Bauakustik oder zu laute Maschinen und vieles mehr sein. Es können aber auch Gefährdungen durch schlechte klimatische Bedingungen entstehen, z. B. durch erhöhte Sonneneinstrahlung

oder extreme Kälte (und dadurch etwa zu hohen oder zu niedrigen Temperaturen am Arbeitsplatz oder ein zu kalter Fußboden).
Gefährdungen durch Arbeitsumgebungsbedingungen werden in folgende Untergruppen unterteilt:
- Klima,
- Beleuchtung/Licht,
- Ersticken/Ertrinken,
- unzureichende Gestaltung der Arbeitsstätte,
- Benutzungsschnittstelle – Mensch und Maschine.

Um diesen potenziellen Gefährdungen in einer Gefährdungsbeurteilung systematisch auf den Grund gehen zu können, ist zu empfehlen, entsprechend den Technischen Regeln für Arbeitsstätten der BAuA vorzugehen. In diesen sind häufig Richt-/Grenz-/Schwellenwerte sowie Empfehlungen zu Ermittlungsmethoden und Fachkunde beschrieben.
Tipp für die Interessenvertretung: Bei der Mitbestimmung bzgl. der Methodenwahl hilft es, sich auf die Vorgaben der Technischen Regeln zu stützen.

41. Worauf ist bei physischen Belastungen zu achten?

Physische, also körperliche Belastungen können überall dort entstehen, wo Beschäftigte im Rahmen ihrer Arbeitstätigkeit mit körperlichen Lasten umgehen. Das kann sich auf
- Hebe- und Umsetzhandlungen,
- das Tragen von Lasten über eine gewisse Entfernung,
- das Ausüben von Ganzkörperkräften oder
- das Ziehen und Schieben von Lastgewichten beziehen.

Zu körperlichen Belastungen zählen aber auch sich am Arbeitstag häufig wiederholende manuelle Arbeitsprozesse sowie Körperzwangshaltungen.
Hier empfiehlt sich eine systematische Beurteilung«, z. B. mit den Leitmerkmalmethoden (LMM) der BAuA oder anderen anerkannten Analysemethoden.

42. Worauf ist bei psychischen Gefährdungen zu achten?

Grundsätzlich gibt es nach dem Gesetz keine Unterscheidung in mehrere unterschiedliche Gefährdungsbeurteilungen. Allerdings lassen sich nicht alle potenziellen Gefährdungen mit den gleichen Methoden und auch nicht mit dem gleichen Raster zur Zusammenfassung von gleichartigen Tätigkeiten und Arbeitsbereichen erfassen. Insbesondere bei der Gefährdungsbeurteilung psychischer Belastungen ist dies der Fall. Ein entscheidender Grund für die Trennung der Beurteilungen ist z. B., dass nach den Regeln der DGUV eine potenzielle Gefährdung beobachtbar sein muss, wenn sie z. B. bei einer Begehung ermittelt werden soll. Dies ist bei vielen der zu prüfenden Gefährdungsfaktoren hinsichtlich psychischer Belastungen nicht der Fall. Näheres findet sich im Kapitel D.

43. Welche Gefährdungen sind hinsichtlich des Gefährdungsfaktors Arbeitszeit zu berücksichtigen?

Arbeitszeitgestaltung ist einer der wichtigen Faktoren, wenn es um die Gesundheit und Zufriedenheit der Beschäftigten geht. In Bereichen, in welchen in Schichten gearbeitet wird, ist schon lange bekannt, dass Schichtarbeit ein Gefährdungsfaktor für die Gesundheit sein kann. Hier gibt es große Unterschiede, insbesondere bei der Frage, wie gut bei der Gestaltung von Schichtsystemen auf die Belange von Beschäftigten und die Anforderungen aus den arbeitsmedizinischen Erkenntnissen zur Gestaltung von Schichtarbeit geachtet wurde. In der Verwaltung, wo flexible Arbeitszeitmodelle wie Gleitzeit oder Vertrauensarbeitszeit häufig zu finden sind, gibt es aber auch viele Herausforderungen und Chancen, die Arbeitszeit gesund und bedarfsgerecht zu gestalten.

In einer Gefährdungsbeurteilung mit dem Schwerpunkt Arbeitszeit sind folgende Gefährdungsfaktoren zu betrachten:

- Belastungsfaktoren im Zusammenhang mit der Dauer der Tätigkeiten,
- Selbstbestimmtheit der Arbeitszeit,
- werktägliche/wöchentliche Arbeit,
- Pausen,

- Ruhezeiten/Erreichbarkeit,
- ergebnisorientiertes Arbeiten.

Praxistipp: Für die Gefährdungsbeurteilung Arbeitszeit bieten sich zusätzliche Erhebungsinstrumente an, z. B. das kostenfreie Verfahren der TBS NRW »Praktisches Verfahren GBU Arbeitszeit« (vgl. TBS NRW (2024)).

44. Was versteht man unter einer Gefährdungsbeurteilung Interaktionsarbeit?

Interaktionsarbeit ist gekennzeichnet durch die Begegnung und/oder Interaktion mit anderen, betriebsfremden Menschen. Es geht also um die Arbeit mit bzw. an externen Personen. Klassische Tätigkeiten mit einem Anteil an Interaktionsarbeit sind z. B.:

- Umgang mit Kund*innen im Handel, im Handwerk, in der (Unternehmens-)beratung sowie in anderen, kundenintensiven Dienstleistungen,
- Arbeit mit Schüler*innen in der Schule,
- Arbeit mit Patient*innen sowie Pflegebedürftigen, wie in der Pflege oder im Rettungsdienst etc.

Bei dieser Art von Arbeitstätigkeit kann es zu physischen und psychischen Belastungen kommen wie unfreundlichem oder aggressivem Verhalten, körperlichen Übergriffen, mangelnder Kooperation u. v. m.

Die BAuA hat festgestellt, dass der Gefährdungsfaktor Interaktionsarbeit noch nicht ausreichend in der Gefährdungsbeurteilung Berücksichtigung findet. Deshalb hat sie in ihrem Handbuch Gefährdungsbeurteilung ein zusätzliches Modul zur Gefährdungsbeurteilung Interaktionsarbeit entwickelt. Nähere Informationen zu diesem Modul sind im Handbuch Gefährdungsbeurteilung der BAuA (2025) unter »Psychische Faktoren« zu finden.

45. Was können sonstige Gefährdungen sein?

Unter »sonstigen Gefährdungen« können diejenigen zusammengefasst werden, die in der Auflistung der GDA oder BAuA nicht zu finden sind, aber im betrieblichen Kontext eine Gefährdung darstellen. Das können Gefährdungen durch eine unzureichende Gestaltung der Ersten Hilfe- und

Notfallorganisation, durch Pflanzen, Tiere oder physische sowie psychische Gefährdungen durch Dritte wie Kunden, Patienten oder Beschäftigte von Drittfirmen sein (siehe auch die vorhergehende Frage zur Gefährdungsbeurteilung Interaktionsarbeit).
Hierunter fallen auch Gefährdungen, die von der jeweils branchenspezifischen Berufsgenossenschaft oder der DGUV als Gefährdungsfaktoren festgelegt werden und entsprechend in einer Gefährdungsbeurteilung untersucht werden müssen. Ein konkretes Beispiel ist die DGUV Vorschrift 25 »Überfallprävention« für Kreditinstitute, Spielstätten, Zahlstellen und Verkaufsstellen (DGUV V25, vgl. DGUV (2020)).
Wird auf Basis der Analyse der betriebsinternen Informationen und Daten deutlich, dass es potenzielle Gefährdungen gibt, die bisher nicht bekannt waren und in keine der klassischen Gefährdungsfaktoren passen, können diese als sonstige Gefährdung eingeordnet werden.

D. Spezialfall: Psychische Belastungen

46. Was versteht man unter psychischen Belastungen im Arbeitskontext?

Psychische Belastungen und auch psychische Beanspruchungsfolgen nehmen in sich immer schneller verändernden Arbeitswelten stetig zu. Insbesondere etwa durch unzureichende Tätigkeitsspielräume, durch ein Missverhältnis von Arbeitsmenge und -zeit oder bei destruktivem Führungsverhalten können, je nach Intensität und Dauer, Folgen für die Gesundheit der Beschäftigten entstehen.

Aber auch weniger naheliegende Gefährdungsfaktoren können Einfluss auf die Psyche haben, so können z. B. eine hohe Geräuschkulisse und extraaurale Lärmwirkung (dies sind nicht auf das Gehör bezogene Auswirkungen von Lärm) auch ohne das Überschreiten von messbaren Grenzwerten einen negativen Einfluss auf die psychische Gesundheit haben. Schlafstörungen oder Auswirkungen auf den Blutdruck sind hier z. B. zu beobachten.

Gemäß der DIN-Norm DIN EN ISO 10075-1 wird »psychische Belastung« definiert als »die Gesamtheit aller erfassbaren Einflüsse, die von außen auf den Menschen zukommen und psychisch auf ihn einwirken« (BAuA (2010), S. 9). In der Gefährdungsbeurteilung Psyche sind somit alle Arbeitsbedingungen auf ihre Auswirkungen auf die Psyche zu untersuchen.

47. Was ist der Unterschied zwischen psychischer Belastung und psychischer Beanspruchung?

Im Gegensatz zur psychischen Belastung, welche zunächst neutral alle Einflüsse meint, die psychisch auf den Menschen einwirken, werden unter dem Begriff Beanspruchung die Auswirkungen auf denselben beschrieben.

»Psychische Beanspruchung« ist nach DIN EN ISO 10075-1 »die unmittelbare (nicht langfristige) Auswirkung der psychischen Belastung im Individuum in Abhängigkeit von seinen jeweils überdauernden und augenblicklichen Voraussetzungen, einschließlich der individuellen Bewältigungsstrategien« (BAuA (2010), S. 10). Es wird bei der Beanspruchung also auch auf die individuellen und betrieblichen Voraussetzungen geschaut, und auch potenzielle Beanspruchungsfolgen werden in den Blick genommen.

48. Welche Methoden eignen sich zur Ermittlung psychischer Belastungen?

Hinsichtlich der Methoden für die Ermittlung psychischer Belastungen lassen sich folgende Kategorien unterscheiden: quantitative Verfahren (z. B. Beschäftigtenbefragungen) und qualitative Verfahren (z. B. moderierte Workshops oder Einzelinterviews). Hinweise zu Verfahren der Gefährdungsbeurteilung psychischer Belastungen gibt auch die Leitlinie des GDA-Arbeitsprogramms Psyche von 2022.

Für die Gefährdungsbeurteilung psychischer Belastungen eignen sich insbesondere Befragungen, möglichst mit einem arbeitswissenschaftlich validierten Fragebogen, mit anschließenden Feinanalyse-Workshops. Durch eine Befragung mit arbeitswissenschaftlich fundierten Schwellenwerten für die Risikobewertung wird die teilweise behauptete Subjektivität der psychischen Belastung relativiert.

49. Welche Aspekte sollte eine Gefährdungsbeurteilung Psyche beinhalten?

Das GDA-Arbeitsprogramm Psyche hat mit der Leitlinie zur »Berücksichtigung psychischer Belastungen in der Gefährdungsbeurteilung« (2022) die Merkmalsbereiche benannt, die mindestens in einer Gefährdungsbeurteilung Psyche enthalten sein müssen:

- Arbeitsinhalt/Arbeitsaufgabe (Vollständigkeit der Aufgabe, Handlungsspielraum, Variabilität, Information, Verantwortung, Qualifikation, emotionale Inanspruchnahme),
- Arbeitsorganisation (Arbeitszeit, Arbeitsablauf, Kommunikation & Kooperation),
- soziale Beziehungen (Kollegen, Vorgesetzte),
- Arbeitszeit (Dauer, Lage/Schichtarbeit, Vorhersehbarkeit/Planbarkeit, Pausen/Erholungszeiten),
- Arbeitsmittel (Arbeitsmittel, persönliche Schutzausrüstung),
- Arbeitsumgebung (physikalische und chemische Faktoren, physische Faktoren, Arbeitsplatz- und Informationsgestaltung, Arbeitsmittel).

50. In welchem Umfang spielt der Datenschutz eine Rolle?

Bei einem derart sensiblen Thema wie der psychischen Gesundheit spielen Vertraulichkeit und Datenschutz eine ganz besondere Rolle. Die Gruppengröße, ab wann Befragungsergebnisse ausgewertet werden dürfen, ist aus diesem Grund betriebsspezifisch festzulegen. In der Praxis haben sich Tätigkeitsgruppen von zehn Beschäftigten bewährt. Bei einer zu geringen Rücklaufquote sollte keine gruppenspezifische Auswertung erfolgen.
Da mit einer Befragung zudem sehr sensible Gesundheitsdaten von Beschäftigten abgefragt werden, z. B. bereits bestehende Belastungsfolgen wie Kopfschmerzen, sind diese Daten nach der Datenschutzgrundverordnung (DSGVO) besonders schützenswert. Potenzielle externe Anbieter für eine solche Befragung sollten dementsprechend verpflichtet werden, den Datenschutz DSGVO-konform sicherzustellen.
Bei Analyse-Workshops gestaltet sich die Sicherung des Datenschutzes etwas schwieriger. Im Allgemeinen sind die Namen der Beteiligten den

Arbeitgebenden und Führungskräften bekannt, da sie für die Teilnahme von der Arbeit freigestellt werden müssen. Daher ist bei der Auswahl der Moderation besonders darauf zu achten, dass dieser durch die Beschäftigten Vertrauen entgegengebracht wird. Bei der Dokumentation der Workshop-Ergebnisse ist die Wahrung der Anonymität entsprechend ein hohes Gut.

51. Was sind die Klassiker unter den Belastungsfaktoren in der Gefährdungsbeurteilung Psyche?

Eine große Sorge von Arbeitgebenden vor der Durchführung einer Gefährdungsbeurteilung Psyche, insbesondere bei der Anwendung eines Befragungsinstruments, ist häufig, dass Beschäftigte sehr viele Merkmalsbereiche als ein Risiko benennen und die Fülle an erhobenen Gefährdungen schwer zu bewältigen ist. Die Erfahrung zeigt, dass dies in der Regel nicht der Fall ist. Da die meisten Instrumente nicht nur potenzielle Gefährdungen, sondern auch ausgleichende Ressourcen abfragen, gibt es meist ein ausgewogenes Bild von Gefährdungen, die eine Maßnahme erfordern, und Merkmalsbereichen, die kein Risiko darstellen.

Es gibt allerdings einige Merkmalsbereiche, die in einer Gefährdungsbeurteilung fast immer bei mindestens einem betrachteten Tätigkeitsbereich negativ herausstechen. Einer dieser Merkmalsbereiche sind »soziale Beziehungen«, insbesondere das Führungsverhalten. Da Führungskräfte insgesamt einen großen Anteil an der Arbeitsgestaltung und damit auch an der Arbeitszufriedenheit haben, treten in diesem Bereich meist auch mehr weitere Risiken auf als in Bereichen, in denen Führung kein Problem darstellt. Ein weiterer Klassiker unter den Belastungsfaktoren ist das Thema Leistungsverdichtung. In Zeiten von Arbeits- und Fachkräftemangel und sich stark verändernden Arbeitswelten ist das Thema ein häufiger Belastungsfaktor, der als Risiko bewertet wird.

52. Welche Rolle spielt die Arbeitszeitgestaltung bei der psychischen Gefährdungsbeurteilung?

Seit der Novellierung der GDA-Empfehlungen zur Durchführung der Gefährdungsbeurteilung psychischer Belastungen im Jahr 2022 ist das Thema Arbeitszeitgestaltung zu einem eigens zu betrachtenden Belastungsfaktor »aufgestiegen«. Zuvor fand sich dieses Thema als Unterthema im Belastungsfaktor Arbeitsorganisation. Arbeitszeitgestaltung hat erhebliche Auswirkungen auf die Gesundheit von Beschäftigten. In vielen bisherigen Instrumenten zur Gefährdungsbeurteilung wurden allerdings nur ein bis zwei Fragen dazu gestellt, was nicht ausreichend ist, um das tatsächliche Gefährdungspotenzial beurteilen zu können. Heute müssen mindestens die folgenden Faktoren geprüft werden:

- Dauer,
- Lage/Schichtarbeit,
- Vorhersehbarkeit/Planbarkeit,
- Pausen/Erholungszeiten.

Insbesondere, wenn es bereits Rückmeldungen zu Belastungsfolgen aufgrund der Arbeitszeitgestaltung gibt, etwa vermehrte ärztlich belegte Schichtuntauglichkeiten, oder wenn z. B. ein neues – ausgeweitetes – Schichtmodell eingeführt wurde, empfiehlt es sich, einen eigenen Schwerpunkt zur Gefährdungsbeurteilung Arbeitszeit vorzunehmen. Dazu kann vertiefend ein weiteres Verfahren, z. B. das der TBS NRW (vgl. TBS NRW (2024)), genutzt werden.

53. Welche Gefährdungen sind hinsichtlich von Sonderformen der Arbeit wie mobiler Arbeit zu beachten?

Bis zur Neuauflage der GDA-Empfehlungen zur Durchführung der Gefährdungsbeurteilung psychischer Belastungen im Jahr 2022 waren die Rahmenbedingungen mobiler Arbeit als eigener Gefährdungsfaktor unter »neuen Arbeitswelten« aufgeführt. Mit der Novellierung sind diese in unter den anderen Gefährdungsfaktoren der Gefährdungsbeurteilung Psyche »aufgegangen«. Ein weit verbreiteter Trugschluss ist, dass für die mobile Arbeit keine Gefährdungsbeurteilung gemacht werden muss, weil es sich bei dieser Form des heimischen Arbeitens nicht um einen Telearbeitsplatz und damit um eine Arbeitsstätte handelt. Tatsächlich sind auch diese Belastungen, z. B. durch wenig ergonomische Arbeitsmittel, ausgeweitete Arbeitszeiten und das Verschwimmen von Arbeit und Privatleben, in einer Gefährdungsbeurteilung zu ermitteln und zu bewerten. Dazu bietet sich ein Fokus in der Gefährdungsbeurteilung Psyche an, da die entsprechenden Gefährdungsfaktoren dort auch ermittelt werden. Hinweise dazu finden sich in der ASR A6 (vgl. BAuA (2024)) in Bezug auf den Stand der Technik bei Bildschirmarbeitsplätzen.

Ebenfalls eine Sonderform der Arbeit stellt der Außendienst dar mit Montagearbeit, Dienstreisen, Außendienst beim Kunden etc. Auch wenn diese Tätigkeiten nicht in der Arbeitsstätte durchgeführt werden, ist für sie eine Gefährdungsbeurteilung durchzuführen.

54. Welche Rollen spielen Interessenvertretungen bei der Gefährdungsbeurteilung psychischer Belastungen?

Grundsätzlich sind alle Schritte einer Gefährdungsbeurteilung mitbestimmungspflichtig. Die Rolle von Interessenvertretungen insbesondere bei der Gefährdungsbeurteilung psychischer Belastungen auf die Mitbestimmung nach den entsprechenden Gesetzen zu reduzieren, kann als vertane Chance bezeichnet werden. Das Thema psychische Belastungen ist zwar in den Betrieben nicht mehr so stark tabuisiert wie noch vor einigen Jahren, aber es fällt vielen noch immer schwer, über derartige Belastungen oder sogar Erkrankungen zu sprechen. Auch wenn es bei der Gefährdungsbeurteilung nicht um einzelne Beschäftigte, sondern um die Gefährdungspotenziale der Arbeitsbedingungen geht, braucht es für eine aktive Beteiligung noch immer viel Vertrauen. Hier können Interessenvertretungen sich besonders einbringen und den Beschäftigten die Hintergründe zur Gefährdungsbeurteilung nahebringen, eine wissenschaftlich fundierte Durchführung mit Vereinbarungen zur Wahrung der Anonymität und des Datenschutzes im Rahmen der Mitbestimmung vereinbaren und damit bei den Beschäftigten für die Teilnahme werben.

E. Maßnahmen zur Reduzierung von Gefährdungen und deren Wirksamkeitskontrolle

55. Gibt es zwingend vorgeschriebene Maßnahmen, die umgesetzt werden müssen?

Diese Frage lässt sich nicht allgemeingültig beantworten, es kommt vielmehr auf den jeweiligen Gefährdungsfaktor an. In den technischen Regeln und staatlichen Verordnungen sind zum Teil Maßnahmen beschrieben, die für die jeweiligen Gefährdungen als Mindeststandard nach arbeitsmedizinischem und arbeitswissenschaftlichem Stand nicht unterschritten werden dürfen. Grundsätzlich gilt: Bessere Maßnahmen mit einer höheren Schutzwirkung sind erlaubt, ein Unterschreiten dieser Mindeststandards jedoch nicht. Beispiele sind Atemschutzhelme und diverse andere technische, organisatorische und auf die Hygiene bezogene Maßnahmen bei definierten Belastungen im Umgang mit Blei. Beschrieben sind diese in den Technischen Regeln für Gefahrstoffe, hier die TRGS 505 Blei (vgl. BAuA (o.D.)), in der sich zudem Hinweise zur Gefährdungsbeurteilung, der Fachkunde der durchführenden Personen und der Rangfolge der abzuleitenden Schutzmaßnahmen etc. finden.
Für die Mitbestimmung heißt dies auch, dass weder Interessenvertretungen noch Arbeitgebende Maßnahmen durchsetzen können, die den Stand von Arbeitsmedizin und Arbeitswissenschaft unterschreiten.

56. Wie kann die Interessenvertretung die Umsetzung von Schutzmaßnahmen überwachen?

Dreh- und Angelpunkt der Umsetzung von Schutzmaßnahmen ist der Maßnahmenplan (vgl. Kapitel B). Wenn dieser aber nur auf dem Papier besteht und Personen mit Verantwortung im Prozess diesen nicht permanent im Blick haben, bleibt häufig die Umsetzung auf der Strecke. Es gilt also, die Gefährdungsbeurteilung in allen Schritten in einen gelebten Arbeitsschutz zu überführen, statt nur der gesetzlichen Pflicht einschließlich der Dokumentation nachzukommen. Da auch die zumeist für die Umsetzung der Schutzmaßnahmen verantwortlichen Führungskräfte aufgrund von hohem Arbeitsvolumen Maßnahmen, die nur auf dem Papier bestehen, aus dem Blick verlieren können, kann z. B. ein digitales System zur Dokumentation des Arbeitsschutzes hilfreich sein. Hier lassen sich je nach System auch Erinnerungen für Termine einstellen. Dies kann nicht nur den Führungskräften, sondern auch den Interessenvertretungen die Arbeit erleichtern, da derartige Erinnerungen auch so eingestellt werden können, dass auch die Interessenvertretung sie erhält und nicht alle Ordner mit Gefährdungsbeurteilungen wälzen muss, um potenziell offene Maßnahmen zu finden.

Wichtig: Es sollte auf jeden Fall eine Betriebs- oder Dienstvereinbarung zu einem digitalen System zur Dokumentation des Arbeitsschutzes abgeschlossen werden. Eine solche Einführung ist mitbestimmungspflichtig, sowohl hinsichtlich des Arbeitsschutzes als auch der Einführung von IT-Systemen, da eine digitale Leistungs- und Verhaltenskontrolle enthalten sein kann (z. B. durch vereinbarte Eskalationsstufen, wer informiert wird, wenn Termine nicht eingehalten und Maßnahmen nicht umgesetzt werden).

57. Welche Rolle spielt die Interessenvertretung bei der Wirksamkeitskontrolle?

Nach § 3 Abs. 1 ArbSchG sind Arbeitgebende verpflichtet, zu den Maßnahmen, die aus einer Gefährdungsbeurteilung erfolgen, eine Wirksamkeitskontrolle vorzunehmen. Da Form und Zeitpunkt derselben nicht abschließend geregelt sind, unterliegen diese der Mitbestimmung. Dabei ist es sinnvoll, bereits bei der Ableitung von Maßnahmen die passende Form und Methode sowie den Zeitpunkt und die Verantwortlichkeiten der Wirksamkeitskontrolle für die jeweiligen Maßnahmen festzulegen.

Praxistipp: Neben der Mitbestimmung zu Form und Zeitpunkt der Wirksamkeitskontrolle empfiehlt es sich für Interessenvertretungen, auch inhaltlich an dieser beteiligt zu sein. Wird z.B. die Form einer Begehung für beobachtbare Überprüfungen gewählt, ist es ratsam, als Interessenvertretung dabei zu sein.

58. Was ist zu tun, wenn sich trotz Maßnahmen keine Verbesserung einstellt?

Ein Schritt, der bei der Gefährdungsbeurteilung häufig zu kurz kommt, ist die Wirksamkeitskontrolle der umgesetzten Arbeitsschutzmaßnahmen. Eigentlich dürfte der Auftrag aus § 3 Abs. 1 ArbSchG für alle Beteiligten eindeutig sein, nämlich: Immer, wenn Maßnahmen umgesetzt werden, müssen diese auch auf ihre Wirksamkeit hin überprüft werden (vgl. Kapitel B). Ergibt diese Wirksamkeitskontrolle, dass durch die umgesetzten Maßnahmen die zuvor festgelegten Arbeitsschutzziele nicht erreicht wurden, ist ein erneuter Prozess der Maßnahmenauswahl oder Maßnahmenanpassung erforderlich. Können keine weiteren und zielführenden Arbeitsschutzmaßnahmen ausgewählt oder angepasst werden, kann es sein, dass der Prozess der Gefährdungsbeurteilung von neuem begonnen werden muss.

Der Interessenvertretung kommt hier einerseits eine verantwortungsvolle Wächteraufgabe (gemäß § 80 Abs. 1 Nr. 1 BetrVG; Art. 69b) BayPVG; § 64 Nr. 2 LPVG NRW; § 59 Nr. 2 NPersVG etc.) zu. Außerdem bestehen hier Mitbestimmungsrechte (gemäß § 87 Abs. 1 Nr. 7 BetrVG; Art. 75 Abs. 4 Nr. 8 BayPVG; § 72 Abs. 4 Nr. 7 LPVG NRW; § 66 Abs. 1 Nr. 11 NPersVG etc.) zur Gestaltung.

F. Unterweisungen

59. Welche Informations- und Unterweisungspflichten haben Arbeitgebende gegenüber den Beschäftigten?

Unterweisungen sind eine Sonderform der Arbeitsschutzmaßnahmen gemäß § 12 ArbSchG. Die Beschäftigten müssen während ihrer Arbeitszeit zu allen Gefährdungen, die mit ihrer Arbeitstätigkeit oder ihrem Arbeitsplatz in Verbindung stehen, unterwiesen werden. Zu diesen Unterweisungen gehören Informationen,

- um welche Gefährdungen es sich handelt,
- welche Arbeitsschutzmaßnahmen (einschließlich Maßnahmen bei Notfällen oder Störungen) dagegen getroffen wurden,
- wie sie sich gegenüber diesen Gefährdungen sicher und gesundheitsgerecht verhalten sowie
- über wichtige Inhalte von Arbeitsschutzvorschriften/-regeln (vgl. Kap. 2.3 DGUV Regel 100-001, DGUV (2014)).

Unterweisungen sind vor Aufnahme der Arbeitstätigkeit, danach in regelmäßigen Abständen anlassunabhängig (mindestens einmal jährlich bzw. nach Vorgabe von Arbeitsschutzvorschriften und anderen Gesetzen) sowie immer, wenn sich Änderungen bei Gefährdungen durch einzelne Gefährdungsfaktoren, durch die Arbeitsorganisation, neue Arbeitsmittel, Veränderungen im eigenen Aufgabenbereich etc. ergeben. Dabei ist die aktuelle Gefährdungsbeurteilung maßgeblich (vgl. § 4 DGUV V1, 2013; Kap. 2.3 DGUV Regel 100-001, 2014).

60. Welche Formen für Unterweisungen sind zu empfehlen?

Unterweisungen sind immer in einer für die Beschäftigten inhaltlich und sprachlich verständlichen Form zu geben, denn die Unterweisungsinhalte müssen von den Beschäftigten richtig aufgefasst und später angewandt werden können. Wesentliche Grundlage für die Unterweisungen sind die Ergebnisse der Gefährdungsbeurteilung, Betriebsanleitungen für den sicheren Umgang mit Maschinen und anderen Arbeitsmitteln sowie Betriebsanweisungen (vgl. DGUV Regel 100-001, 2014).
Bei den Unterweisungsformen wird zwischen der persönlichen (face-to-face) und der elektronisch gestützten Unterweisung unterschieden. Am wirkungsvollsten ist die persönliche Unterweisung, die mittels Kurzvorträgen, Lehrgesprächen oder Gruppenarbeiten erfolgen kann. Elektronisch gestützte Unterweisungen können eine sinnvolle Ergänzung zur persönlichen Unterweisung sein. Sie können den persönlichen Austausch in der Unterweisung jedoch nicht ersetzen. Von dem alleinigen Einsatz der elektronischen Unterweisung ist abzuraten (vgl. DGUV (2012), Information 211-005; DGUV Regel 100-001, 2014).
Für manche Gefährdungsfaktoren ist eine persönliche Unterweisung explizit vorgeschrieben, so wird nach der Gefahrstoffverordnung und der Biostoffverordnung ausdrücklich eine mündliche Unterweisung verlangt.

61. Wie sind Interessenvertretungen in Unterweisungen eingebunden?

Interessenvertretungen haben ein Mitbestimmungsrecht hinsichtlich der Form und der Inhalte einer Unterweisung, sofern diese nicht bereits durch Verordnungen vorgeschrieben sind. Dieses Recht fußt auf den bereits genannten und nachfolgend beschriebenen Mitbestimmungsrechten im Arbeits- und Gesundheitsschutz (vgl. BAG 8. 11. 2011 – 1 ABR 42/10; BAG 11. 1. 2011 – 1 ABR 104/09, BAGE 136, 353–358).
Der Mitbestimmungsrahmen erstreckt sich über die Unterweisungsinhalte, die zu unterweisenden Beschäftigtengruppen sowie die Unterweisungsmethode. Es empfiehlt sich, ähnlich wie bei der Gefährdungsbeurteilung

und Arbeitsschutzmaßnahmen, eine Betriebs- oder Dienstvereinbarung dazu abzuschließen.

Praxistipp: Hinsichtlich der Form der Unterweisungen ist darauf zu achten, dass alle Beschäftigtengruppen einen angemessenen Zugang zu den Unterweisungen haben. Dies kann dazu führen, dass sich für einige Gruppen Onlineunterweisungen nicht eignen, weil nicht ausreichend Hardware dafür vorhanden ist oder Kenntnisse zur Nutzung einer möglichen Software dazu fehlen. Grundsätzlich sind ausschließliche Unterweisungen auf digitalen Onlinesystemen nicht zu empfehlen, da hier Möglichkeiten für Verständnisfragen fehlen.

62. Welcher Unterschied besteht zwischen Unterweisungen und Schulungen?

Der Unterschied zwischen Schulungen und Unterweisungen besteht vornehmlich in der rechtlichen Einordnung. Bei Schulungen geht es um die Qualifizierung von Beschäftigten, die z. B. auf eine fachliche Entwicklung hinzielen. Diese sind gesetzlich im Arbeitsschutz nicht vorgeschrieben, können aber auch als Maßnahme bei einer Gefährdungsbeurteilung Psyche definiert werden, wenn eine Gefährdung sich z. B. aus der Nutzung neuer Programme ergibt, zu deren Anwendung nicht ausreichend im Vorfeld qualifiziert wurde. Dies kann in der Folge zu Überforderung führen.

Eine Unterweisung ist eine rechtlich definierte Bezeichnung für Schulungen, die die Arbeitgebenden in Fragen des betrieblichen Arbeitsschutzes nach § 12 ArbSchG durchführen müssen. Dazu gehören z. B. Sicherheitsunterweisungen, Brandschutzunterweisungen, aber auch Fragen rund um das ergonomische Arbeiten in der Arbeitsstätte oder von zuhause, das sichere Bewegen von Fahrzeugen im Außendienst etc.

Die Durchführung von Unterweisungen ist eine Pflichtaufgabe der Arbeitgebenden, die sie im Rahmen der Übertragung von Unternehmerpflichten delegieren können. Letztverantwortlich bleiben jedoch die Arbeitgebenden. Sowohl die Inhalte als auch die Teilnahme der einzelnen Beschäftigten sind zu dokumentieren und Behörden auf Nachfrage, z. B. bei Unfällen, vorzulegen.

G. Rechtliche Konsequenzen für Arbeitgebende

63. Welche rechtlichen Konsequenzen drohen den Arbeitgebenden bei Missachtung der Gefährdungsbeurteilung?

Die Missachtung der Pflicht zur Durchführung einer Gefährdungsbeurteilung stellt gemäß § 25 Abs. 1 Nr. 1 ArbSchG eine Ordnungswidrigkeit dar und kann mit einem Bußgeld von bis zu 5000 Euro geahndet werden.

Ordnungswidrig handelt insbesondere, wer gegen eine auf § 18 oder § 19 ArbSchG gestützte Rechtsverordnung verstößt, soweit diese auf § 25 ArbSchG verweist. Dazu zählen u. a. die Betriebssicherheitsverordnung und die Arbeitsstättenverordnung. Beide enthalten ausdrücklich die Pflicht zur Durchführung einer Gefährdungsbeurteilung (vgl. z. B. § 3 Abs. 1 BetrSichV, § 3 Abs. 3 ArbStättV) und ordnen bei Verstoß eine bußgeldbewehrte Ordnungswidrigkeit an (vgl. § 22 Abs. 1 Nr. 1 BetrSichV, § 9 Abs. 1 Nr. 1 ArbStättV).

Führt die unterlassene oder mangelhafte Gefährdungsbeurteilung sogar zu einem Arbeitsunfall mit Gesundheitsfolgen, kann dies zudem strafrechtliche Konsequenzen nach sich ziehen – etwa wegen fahrlässiger Körperverletzung (§ 229 StGB) oder fahrlässiger Tötung (§ 222 StGB). Strafrechtlich verantwortlich ist dabei regelmäßig die verantwortliche Person im Sinne des Arbeitsschutzes (z. B. Geschäftsführung, Betriebsleitung). Strafbar ist dabei vorsätzliches oder fahrlässiges Handeln, wenn erkennbaren Gefährdungen nicht hinreichend begegnet wurde, insbesondere bei zuvor bekannten Risiken oder unterlassenen Schutzmaßnahmen trotz entsprechender Hinweise (z. B. durch Beschäftigte, Fachkräfte für Arbeitssicherheit oder Interessenvertretungen). Handelt die verantwortliche Person vorsätzlich, genügt bereits die bloße Gefährdung des Lebens oder der Gesundheit von Beschäftigten für eine Strafbarkeit (§ 26 Nr. 2 ArbSchG).

64. Welche Rolle spielen die Aufsichtsbehörden bei der Überwachung der Gefährdungsbeurteilung?

Die Aufsichtsbehörden übernehmen die Überprüfung des Arbeitsschutzes in den Betrieben. Sie haben jederzeit das Recht, eine derartige Prüfung im Betrieb bzw. der Dienststelle vorzunehmen. Bei festgestellten Mängeln können sie Auflagen mit Fristen erlassen und ggf. Bußgelder erheben. Die Prüfungen erfolgen sowohl anlasslos als auch aufgrund von Beschwerden. Es gibt bei den jeweiligen Aufsichtsbehörden Kontaktdaten, an welche sich Beschäftigte, Interessenvertretungen oder auch andere Personen, die Erkenntnisse über Arbeitsschutzmängel haben, anonym wenden können. Das Recht der Beschäftigten, sich an die zuständige Behörde zu wenden, ist in § 17 Abs. 2 ArbSchG ausdrücklich festgeschrieben, sofern die Arbeitgebende einer zuvor an sie gerichteten konkreten Beschwerde über Arbeitsschutzmängel nicht abgeholfen hat. Es gibt bei den jeweiligen Aufsichtsbehörden Kontaktdaten, an welche sich Beschäftigte, Interessenvertretungen oder auch andere Personen, die Erkenntnisse über Arbeitsschutzmängel haben, anonym wenden können. In NRW ist dies zum Beispiel in Form einer Arbeitsschutzbeschwerde online oder über das Arbeitsschutztelefon möglich (vgl. *https://www.arbeitsschutz.nrw.de/arbeitsschutzbeschwerde*).

Liegen bei einer Prüfung keine Gefährdungsbeurteilungen vor, oder sind diese nicht vollständig, werden in der Regel zunächst Auflagen zur Behebung der Mängel ausgesprochen. Damit einhergehen kann auch die Androhung bzw. Verhängung eines Bußgeldes, dies hängt vom Schweregrad der festgestellten Mängel ab. Kommen Arbeitgebende bzw. verantwortliche Personen den Anordnungen nicht fristgerecht nach oder ist die Anordnung für sofort vollziehbar erklärt, kann die zuständige Behörde die von der Anordnung betroffene Arbeit oder die Verwendung oder den Betrieb der von der Anordnung betroffenen Arbeitsmittel nach § 22 Abs. 2 Satz 3 ArbSchG untersagen. Im Bereich des öffentlichen Dienstes sollen die durchzuführenden Maßnahmen im Einvernehmen mit der obersten

Landes- bzw. Bundesbehörde bzw. bei Gemeinden mit der Verwaltungsleitung getroffen werden.

65. Was passiert nach einem Arbeitsunfall?

Jeder Arbeitsunfall, egal ob meldepflichtig (ab drei Tagen Arbeitsunfähigkeit) oder nicht, sollte für Arbeitgebende ein Anlass zur Prüfung der aktuellen Gefährdungsbeurteilung, Wirksamkeit der Arbeitsschutzmaßnahmen und Unterweisungen sein. Bei meldepflichtigen Arbeitsunfällen hat die Interessenvertretung diese Anzeige mitzuunterzeichnen sowie weitere Informationsrechte, wenn der Unfallversicherungsträger bzw. die zuständige Aufsichtsbehörde weitere Auskünfte verlangt (vgl. § 193 SGB VII). Der Aufsichtsbehörde bzw. dem Unfallversicherungsträger obliegt die weitere Prüfung, ob z. B. ein Verstoß gegen das Arbeitsschutzgesetz vorliegt.
Sollte die Interessenvertretung feststellen, dass Arbeitsunfälle betriebsintern nicht entsprechend untersucht werden (s. o.) oder dass keine Gefährdungsbeurteilung vorliegt, ist es ratsam, dies bei den Arbeitgebenden anzuzeigen und die Mitbestimmungsrechte wahrzunehmen.

66. Wie erfolgt die Geltendmachung der Mitbestimmung gegenüber den Arbeitgebenden?

Die Durchführung der Gefährdungsbeurteilung nach § 5 ArbSchG ist Teil der arbeitsschutzrechtlichen Organisationspflicht der Arbeitgebenden. Da es sich um eine öffentlich-rechtliche Rahmenvorschrift handelt, verbleiben den Arbeitgebenden bei ihrer Ausgestaltung Handlungsspielräume. Diese sind jedoch nicht unbegrenzt: Die Ausfüllung dieser Spielräume im Betrieb unterliegt der Mitbestimmung des Betriebsrats sowie der Mitarbeitervertretung; zumindest soweit allgemeine Regelungen zur Durchführung betroffen sind. Kommt eine Einigung zwischen Arbeitgebenden und Interessenvertretung nicht zustande, kann die Einigungsstelle angerufen werden. Diese verhandelt unter Leitung eines unparteiischen Vorsitzenden über die Ausgestaltung der Mitbestimmung im Arbeitsschutz.

Das Mitbestimmungsverfahren kann durch einen Initiativantrag von Betriebsrat und Mitarbeitervertretung eingeleitet werden. Mitbestimmungspflichtig sind insbesondere die Festlegung der Verfahren zur Ermittlung von Gefährdungen, die Auswahl der Erhebungsmethoden (z. B. Betriebsbegehung, standardisierte Checklisten, softwaregestützte Verfahren), die Konzeption der Durchführung (z. B. einheitlich oder stufenweise) sowie der Zeitplan. Die Mitbestimmung bezieht sich auf die Gestaltung allgemeiner Vorgaben, nicht aber auf die Bewertung konkreter Gefährdungslagen einzelner Arbeitsplätze oder die Auswahl der durchführenden Personen. Für die öffentliche Verwaltung ist derzeit noch unklar, ob den Personalräten ein gleichwertiges Initiativrecht zusteht. Nach der Rechtsprechung des BVerwG ist dies zumindest für die Rechtslage vor der BPersVG-Novelle 2021 abzulehnen (BVerwG 5. 3. 2012 – 6 PB 25/11). Inwieweit die Gesetzesänderung hieran etwas ändert, bleibt abzuwarten. Lediglich in Nordrhein-Westfalen und in Baden-Württemberg ist die Mitbestimmung auch bei Gefährdungsbeurteilungen ausdrücklich ins Personalvertretungsrecht aufgenommen.

67. Welche rechtlichen Möglichkeiten hat die Interessenvertretung, um die Mitbestimmung gerichtlich durchzusetzen?

Neben der Einleitung eines Mitbestimmungsverfahrens kann die Interessenvertretung auch gerichtliche Schritte einleiten, um ihre Beteiligungsrechte bei der Gefährdungsbeurteilung durchzusetzen. Dabei sind zwei grundsätzliche Fallkonstellationen zu unterscheiden:

1. Wenn Arbeitgebende bei der Durchführung der Gefährdungsbeurteilung gegen bereits in einer Betriebs- oder Dienstvereinbarung festgelegte Verfahren oder Standards verstoßen (z. B. bestimmte Erhebungsmethoden nicht anwendet oder vom vereinbarten Zeitplan abweicht), kann das Gremium die Unterlassung des mitbestimmungswidrigen Verhaltens verlangen. Grundlage ist der betriebsverfassungsrechtliche Unterlassungsanspruch, der auf die Einhaltung der vereinbarten Mitbestimmungsinhalte gerichtet ist.

2. Haben Arbeitgebende eine Betriebs- oder Dienstvereinbarung zur Gefährdungsbeurteilung zwar abgeschlossen, setzen deren Inhalte aber nicht um, so besteht ein einklagbarer Anspruch auf Durchführung der vereinbarten Maßnahmen. Dieser Anspruch ergibt sich aus dem Normcharakter der Betriebs- bzw. Dienstvereinbarung. Das Gremium kann die Einhaltung dieser Verpflichtung im Beschlussverfahren durchsetzen.
Im gerichtlichen Beschlussverfahren kann dabei sowohl die ordnungsgemäße Einhaltung der Mitbestimmung als auch die Auslegung streitiger Regelungen verbindlich geklärt werden.
Wichtig: Vor der Einleitung rechtlicher Schritte sollten Interessenvertretungen zunächst mittels schriftlichen Hinweises auf die Mängel und Aufforderung zur Behebung derselben die Arbeitgebenden in die Pflicht nehmen. Fruchtet dies nicht, können auch die Aufsichtsbehörden und zuständigen Berufsgenossenschaften und Unfallkassen hinzugezogen werden. Scheitert all dies, ist vor dem Gang zum Gericht dringend die Hinzuziehung von rechtlichem und fachlichem externem Sachverstand zu empfehlen.

H. Rechte und Pflichten der Beschäftigten bei Gefährdungsbeurteilungen

68. Welche Informationen sollten Beschäftigte ihren Arbeitgebenden und anderen Beschäftigten über mögliche Gefahren am Arbeitsplatz mitteilen?

Arbeitsschutz bedeutet nicht nur Rechte und Pflichten für Arbeitgebende und Interessenvertretungen, sondern auch für die Beschäftigten. Nach § 16 ArbSchG sind sie verpflichtet, aktiv am Arbeitsschutz mitzuwirken. In Bezug auf die Gefährdungsbeurteilung bedeutet das, dass sie festgestellte Gefährdungen für sich oder Dritte:

- in der Arbeitsstätte,
- an ihrem Arbeitsplatz,
- bei ihrer Arbeitstätigkeit sowie
- Störungen an Maschinen, Arbeitsmitteln u. v. m.

unmittelbar melden müssen.

Diese Meldungen sind an die Arbeitgebenden oder unmittelbaren Vorgesetzten zu richten. Weiterhin sind im Sinne der Unterstützung im Arbeitsschutz festgestellte Gefährdungen der Fachkraft für Arbeitssicherheit, der Betriebsärztin bzw. dem Betriebsarzt sowie den Sicherheitsbeauftragten mitzuteilen.

69. Welche Rolle spielen Beschäftigte bei der Umsetzung von Maßnahmen zur Reduzierung von Gefährdungen und Vermeidung von Arbeitsunfällen?

Eine weitere Mitwirkungsflicht für die Beschäftigten besteht darin, sich entsprechend den Unterweisungen oder anderen arbeitsschutzrelevanten Weisungen der Arbeitgebenden zu verhalten (vgl. § 15 ArbSchG). Das bedeutet, dass sie sich so sicherheitsgerecht im Betrieb, der Dienststelle oder bei mobilem Arbeiten sowie im Außendienst verhalten müssen, wie es laut der Unterweisung vorgeschrieben ist. Damit eingeschlossen ist auch die unterweisungskonforme Nutzung persönlicher Schutzausrüstung, Verwendung von Arbeitsmitteln, Maschinen etc. und Einhaltung von Sicherheitsvorkehrungen.
Aus diesem Grund ist es wichtig, dass die zuvor durchgeführte Unterweisung auf Basis der aktuellen Gefährdungslage und in verständlicher Art und Weise den Beschäftigten nähergebracht wird. Sollten Beschäftigte sich bewusst oder unbewusst nicht an die Unterweisung halten, kann dies im Ernstfall rechtliche Konsequenzen nach sich ziehen.

70. Sind Beschäftigte verpflichtet, an Unterweisungen zur Arbeitssicherheit teilzunehmen?

Die Antwort auf diese Frage ist einfach und kurz: Ja, Unterweisungen nach § 12 ArbSchG sind für Beschäftigte Pflichtveranstaltungen. Sind einzelne Beschäftigte zum Zeitpunkt einer Unterweisung im Betrieb abwesend, z. B. durch Krankheit, Urlaub oder Fortbildung, so muss diese zeitnah nachgeholt werden. Zeitnah bedeutet dabei nicht zum nächsten turnusmäßigen Zeitpunkt, sondern möglichst bald bei Rückkehr in den Betrieb oder die Dienststelle. Die Teilnahme an der Unterweisung, ob in Präsenz oder in einer digitalen Selbst-Lernform, ist zwingend zu dokumentieren, da dies von den Arbeitgebenden bei einer Arbeitsschutzprüfung den Behörden vorgelegt werden muss.

71. Welche Rechte haben Beschäftigte in Bezug auf die Gefährdungsbeurteilung?

Beschäftigte haben das Recht, den Arbeitgebenden Vorschläge zu unterbreiten, die sich auf die Verbesserung der Sicherheit und Gesundheit oder die Verhinderung/Reduktion von Gefährdungen bei der Arbeit beziehen.

Sie können sich überdies an die zuständige Aufsichtsbehörde wenden, wenn

- sie aufgrund konkreter Belege/Beweise/Anhaltspunkte den Eindruck haben, dass getroffene Arbeitsschutzmaßnahmen oder bereitgestellte Mittel für die Sicherheit und Gesundheit bei der Arbeit nicht ausreichend sind, und
- auch nach Beschwerde der Beschäftigten in Bezug auf die Gefährdung keine Abhilfe geschaffen wurde (vgl. § 17 ArbSchG).

72. Wie können Beschäftigte im Prozess der Gefährdungsbeurteilung beteiligt werden?

Die Beteiligung von Beschäftigten ist in vielen Schritten der Gefährdungsbeurteilung wichtig. Sie sind Experten für ihre Arbeit und können daher im Prozess der Erhebung viel über potenzielle Gefährdungen beitragen. Dies kann z. B. im Rahmen von Befragungen oder Workshops bei der Gefährdungsbeurteilung Psyche geschehen. Auch bei Begehungen ist es sinnvoll, Beschäftigte im Prozess der Arbeit nach den zu prüfenden Gefährdungen zu befragen und deren Einschätzung einzuholen. Aber Achtung: Begehungen sind kein geeignetes Verfahren innerhalb der Gefährdungsbeurteilung Psyche! Fragen zur psychischen Belastung sollten nicht nebenher vor ggf. sogar Unbeteiligten gestellt werden (vgl. Kapitel D).

Auch bei der Ableitung von Maßnahmen lassen sich Beschäftigte sehr wirkungsvoll einbinden. Zudem zeigt die Erfahrung, dass Arbeitsschutzmaßnahmen, die von Beschäftigten mitentwickelt wurden, deutlich mehr Akzeptanz in der Umsetzung finden. Daran anschließend ist die Bedeutung der Beschäftigten bei der Wirksamkeitskontrolle hoch. Sie müssen die aus der Gefährdungsbeurteilung abgeleiteten Maßnahmen umsetzen und können ein gutes Feedback über die Wirksamkeit geben.

73. Wie kann die Interessenvertretung die Beteiligung von Beschäftigten im Arbeitsschutz unterstützen?

Interessenvertretungen haben die Möglichkeit, die Beteiligung von Beschäftigten im Arbeitsschutz sowohl über ihr Initiativrecht als auch im Rahmen der Mitbestimmung zu fördern. Da auch die Methoden und Verfahren für die Gefährdungsbeurteilung mitbestimmungspflichtig sind, können sie hier ihr Initiativrecht nutzen, um Verfahren vorzuschlagen, die Beteiligung fördern. Dies sind zum Beispiel Workshops zur Feinanalyse einer Gefährdungsbeurteilung oder die Verhandlung von Leitfragen, die im Rahmen einer Begehung den Beschäftigten gestellt werden sollen. Ein guter Weg ist auch der Abschluss einer Betriebs- oder Dienstvereinbarung, in der die Formen und Anlässe der Beteiligung vereinbart werden. Nicht zuletzt ist es auch hilfreich, wenn Interessenvertretungen ihre Zugangswege zur Belegschaft nutzen, um Werbung für die Beteiligung zu machen und die Beschäftigten zu ermuntern, offen Rückmeldung zu potenziellen Gefährdungen zu geben.

I. Beteiligung der Interessenvertretungen

Betriebsrat

74. Haben Betriebsräte bei Gefährdungsbeurteilungen »echte« Mitbestimmungsrechte?

Diese Frage ist eindeutig mit »ja« zu beantworten. § 5 ArbSchG verpflichtet die Arbeitgebenden, eine Gefährdungsbeurteilung durchzuführen. Die Ausgestaltung und Umsetzung der Gefährdungsbeurteilung wird in dieser Rahmenvorschrift jedoch nicht konkretisiert. Arbeitgebende haben folglich einen Gestaltungsspielraum. Die Kombination aus rahmengebender Vorschrift und Gestaltungsspielraum öffnet die Tür und die Verpflichtung zur Einhaltung der Mitbestimmung. Das bedeutet, dass der Betriebsrat in jedem Schritt der Gefährdungsbeurteilung ein Mitbestimmungsrecht besitzt. Aufgrund der Verankerung in § 87 Abs. 1 Nr. 7 BetrVG als grundlegendes Mitbestimmungsrecht hat der Betriebsrat sogar ein erzwingbares Initiativrecht!

Wird im Rahmen von Verhandlungen oder anderen Abstimmungen zu den einzelnen Schritten oder dem gesamten Verfahren der Gefährdungsbeurteilung kein Einvernehmen hergestellt, kann der Rechtsweg eingeschlagen werden.

75. Worauf genau bezieht sich die Mitbestimmung?

Wie bereits in der vorherigen Frage skizziert, besteht bei allen Schritten der Gefährdungsbeurteilung ein Informations- sowie ein breit angelegtes Mitbestimmungsrecht (vgl. Kapitel B). Durch Urteile des BAG

(13.8.2019 – 1 ABR 6/18; 19.11.2019 – 1 ABR 22/18, BAGE 168, 323–336) wird das Mitbestimmungsrecht auf verschiedene Rahmenvorschriften des Arbeitsschutzgesetzes aufgeteilt. Das bedeutet nicht, dass die Mitbestimmung geschwächt ist, sie wird nur aufgeteilt. In der Praxis verstehen die Arbeitsschützer*innen die Gefährdungsbeurteilung nach wie vor als zusammenhängenden Prozess, weshalb er auch weiter so beschrieben wird. Für den Fall der Erstellung einer Betriebsvereinbarung kann man nun im Einvernehmen beider Betriebsparteien den gesamten Prozess regeln, bei keinem Einvernehmen werden diese Schritte auf verschiedene Vereinbarungen aufgeteilt. Falls eine Einigungsstelle angerufen wird, müssen die Regelungsgegenstände konkret benannt und getrennt behandelt werden. Auch ist vor einer Einigungsstelle zu Arbeitsschutzmaßnahmen die vorhergehende Durchführung der Gefährdungsbeurteilung erforderlich (vgl. BAG 19.11.2019 – 1 ABR 22/18).
Die einzelnen Schritte der Gefährdungsbeurteilung sind dem Kapitel B zu entnehmen.

76. Was bedeutet Mitbestimmung in Bezug auf Maßnahmen?

Auch hier hat der Betriebsrat ein umfassendes Mitbestimmungsrecht gemäß § 87 Abs. 1 Nr. 7 BetrVG. Das ist darin begründet, dass es sich bei der Auswahl und Festlegung der Maßnahmen nach § 3 Abs. 1 ArbSchG sowie in der inhaltlichen Ausrichtung § 4 ArbSchG um eine rahmengebende Rechtsnorm handelt. Für die Praxis der Mitbestimmung bedeutet dieses: Immer, wenn mehr als eine Arbeitsschutzmaßnahme denkbar ist, dann greift die Mitbestimmung. Das ist außer bei Substitution in der Regel der Fall. Weiterhin ist die Maßnahmenhierarchie gemäß §§ 3 i. V. m. 4 ArbSchG zu berücksichtigen. Das bedeutet, dass das STOPP-Prinzip Anwendung finden muss (vgl. Kapitel B, Frage 22).
Das Mitbestimmungsrecht bei Arbeitsschutzmaßnahmen sieht außerdem vor, dass der Betriebsrat eigene Vorschläge einbringen kann und diese in die Prüfung der möglichen Maßnahmen einbezogen werden müssen. Sollte diesen Aspekten nicht entsprochen werden, kann der Betriebsrat den Rechtsweg einschlagen.

77. Könnte der Betriebsrat auf Basis des Mitbestimmungsrechts die Inbetriebnahme gefährlicher Anlagen komplett untersagen?

In diesem Fall ist es immer ratsam, als Betriebsrat schriftlich auf die nicht erfolgte Gefährdungsbeurteilung hinzuweisen und eine unverzügliche mitbestimmte Gefährdungsbeurteilung (erzwingbares Initiativrecht) zu verlangen. Einen Unterlassungsanspruch bzgl. der Inbetriebnahme hat der Betriebsrat laut aktueller Rechtsprechung nicht (vgl. ArbG Kiel 2.12.2020 – 4 BVGa 60b/20; LAG Schleswig-Holstein 12.1.2021 – 1 TaBVGa 4/20). Da Arbeitgebende verpflichtet sind, vor Inbetriebnahme von Arbeitsstätten, Anlagen, Maschinen etc. eine Gefährdungsbeurteilung durchzuführen, ist es ratsam, diese auch durchzuführen, weil ansonsten gegen geltendes Recht verstoßen wird. Sollte die Gefährdungsbeurteilung dennoch nicht erfolgen, kann der Betriebsrat überlegen, ob er sich in einem nächsten Schritt an die staatlichen Aufsichtsbehörden und/oder die Berufsgenossenschaft wenden möchte (vgl. § 89 Abs. 1 BetrVG).
Weiterhin kann der Betriebsrat prüfen, ob er eine Klärung auf dem Rechtsweg verfolgen möchte.

78. Hat der Betriebsrat ein Initiativrecht auf Durchführung einer Gefährdungsbeurteilung und auf Auswahl konkreter Schutzmaßnahmen?

Die Mitbestimmung zur Gefährdungsbeurteilung sowie zu Arbeitsschutzmaßnahmen sind in § 87 Abs. 1 Nr. 7 BetrVG verankert. Immer, wenn ein Mitbestimmungsrecht als solches im BetrVG festgeschrieben ist, hat der Betriebsrat ein erzwingbares Mitbestimmungsrecht. Diese Frage kann also eindeutig mit »ja« beantwortet werden. Das bedeutet, dass der Betriebsrat die mitbestimmte Gefährdungsbeurteilung sowie die Ableitung und Umsetzung von Arbeitsschutzmaßnahmen erzwingen kann. Sollten die Arbeitgebenden diesem Anspruch nicht nachkommen, kann der Betriebsrat die Einigungsstelle anrufen.
Bei der Mitbestimmung bzgl. der Auswahl von Arbeitsschutzmaßnahmen ist zu berücksichtigen, dass das Mitbestimmungsrecht greift, sobald mehr als eine Maßnahme zur Erreichung der Arbeitsschutzziele denkbar sind.

Letztendlich entscheiden die Arbeitgebenden über die Auswahl der finalen Arbeitsschutzmaßnahmen. Ist der Betriebsrat damit nicht einverstanden, ist die Hinzuziehung juristischen Sachverstands zielführend, um die Möglichkeit der Einberufung einer Einigungsstelle (nach § 76 BetrVG und die Entscheidung der Einigungsstelle gemäß § 87 Abs. 2 BetrVG) zu prüfen.

79. Was kann der Betriebsrat tun, wenn Arbeitgebende eine Gefährdung verneinen?

Eine Verneinung der Gefährdung bedeutet nicht, dass diese Gefährdung nicht existent ist. Darüber kann nur eine Gefährdungsbeurteilung Aufschluss geben. Folglich müsste in diesem Fall eine Gefährdungsbeurteilung durchgeführt worden sein. Es ist ratsam, dass der Betriebsrat die Dokumentation zur entsprechenden Gefährdungsbeurteilung einfordert. Wenn es sich um keine mitbestimmte Gefährdungsbeurteilung handelt oder gar keine Beurteilung vorliegt, gilt auch hier, dass der Betriebsrat zunächst sein erzwingbares Initiativrecht geltend macht und eine mitbestimmte Gefährdungsbeurteilung einfordert.
Weitere Schritte können sein:

- eine Zusammenarbeit mit den staatlichen Aufsichtsbehörden und/oder der Berufsgenossenschaft (vgl. § 89 Abs. 1 BetrVG),
- die Anrufung einer Einigungsstelle (vgl. § 87 Abs. 2 BetrVG).

80. Was sollten Betriebsräte in Betriebsvereinbarungen festlegen?

Der Betriebsrat sollte zu Beginn der Erstellung oder der Verhandlung einer Betriebsvereinbarung überlegen, welche Verfahrensschritte der Gefährdungsbeurteilung für ihn wichtig sind oder welche in der Wahrnehmung der Mitbestimmung schwer mit den Arbeitgebenden umzusetzen sind. Diese Aspekte sind dann über eine Betriebsvereinbarung zu regeln.
Weiterhin ist zu überlegen, wie eine geeignete Arbeitsstruktur in der praktischen Begleitung seitens des Betriebsrats aussehen kann. Das hängt immer etwas von den fachlichen Vorkenntnissen sowie den personellen als auch zeitlichen Ressourcen des Gremiums ab. Hier hat sich bewährt, dass

sich bestimmte Personen aus dem Betriebsrat den »Hut« für die praktische Begleitung aufsetzen.
Auch ist zu überlegen, ob eine Betriebsvereinbarung zur umfassenden Gefährdungsbeurteilung verhandelt oder Verfahren zu einzelnen Gefährdungen vereinbart werden sollen (z. B. zu psychischen oder körperlichen Belastungen, zu unzureichender Gestaltung der Arbeitsstätte etc.).
Sollten hier zu viele Fragezeichen auftauchen: Hilfreich ist es an dieser Stelle immer, sich externen Sachverstand gemäß § 80 Abs. 3 BetrVG einzuholen. Dieser kann bei der Identifikation und Sortierung wichtiger Inhalte sowie bei der Erstellung einer Betriebsvereinbarung helfen.

81. Was passiert, wenn Arbeitgebende und Betriebsrat sich mit Blick auf die Mitbestimmung nicht einigen?

Bei § 87 Abs. 1 Nr. 7 BetrVG handelt es sich um ein verankertes, erzwingbares Mitbestimmungsrecht. Sollte kein Einvernehmen bei der Gefährdungsbeurteilung sowie bei den Arbeitsschutzmaßnahmen hergestellt werden, kann folglich zu jedem Schritt der Gefährdungsbeurteilung die Einigungsstelle (vgl. § 76 und § 87 Abs. 2 BetrVG) einberufen werden. Wichtig ist, dass bei einer Uneinigkeit über Arbeitsschutzmaßnahmen zuvor eine Gefährdungsbeurteilung vorliegen muss, denn ansonsten kann keine Einigungsstelle zu Arbeitsschutzmaßnahmen angerufen werden (vgl. BAG 19. 11. 2019 – 1 ABR 22/18, BAGE 168, 323–336).
Wichtig ist hier für den Betriebsrat, sich im Vorfeld juristische Expertise einzuholen.

82. Welche Unterlagen müssen Arbeitgebende dem Betriebsrat zur Verfügung stellen?

Dem Betriebsrat sind alle für ihn erforderlichen Unterlagen (gemäß § 80 Abs. 2 BetrVG) zur Verfügung zu stellen. Das können

- wichtige Datengrundlagen zur Vorbereitung und Planung der Gefährdungsbeurteilung (vgl. Kapitel B) sowie

- Analyseergebnisse (z. B. Messprotokolle, Auswertungen der Gefährdungsbeurteilung psychischer Belastungen oder Begehungsprotokolle) und
- die allgemeine Dokumentation der Gefährdungsbeurteilung sein.

Der Betriebsrat kann diese Unterlagen einfordern, sofern sie nicht proaktiv von Arbeitgebenden bereitgestellt werden.
Gut zu wissen: Arbeitgebende müssen dem Betriebsrat fachkundige betriebliche Ansprechpersonen zur Verfügung stellen, sofern es für die Erfüllung der Aufgaben für den Betriebsrat erforderlich ist (vgl. § 80 Abs. 2 BetrVG). Es ist hilfreich, bei Erhalt bzw. Forderung von Unterlagen auch gleich nach fachkundigen Ansprechpersonen zu fragen.

83. Kann der Betriebsrat von sich aus Sachverständige hinzuziehen?

Der Betriebsrat hat das Recht (vgl. § 80 Abs. 3 BetrVG), einen externen Sachverständigen hinzuzuziehen. Das kann er allerdings nicht komplett in Eigenregie vornehmen. Hier ist eine Einigung (am besten schriftlich) mit den Arbeitgebenden zu erzielen.
Falls kein Einvernehmen mit den Arbeitgebenden erzielt werden kann, kann der Betriebsrat versuchen, bei Gericht eine entsprechende Hinzuziehung des Sachverstands zu erstreiten. In diesem Fall empfiehlt sich, vorab juristische Beratung in Anspruch zu nehmen, um die Strategie und das weitere Vorgehen zu planen.

Personalrat

84. Welche Mitbestimmungsrechte haben Personalräte bei Gefährdungsbeurteilungen?

Trotz einzelner Unterschiede in den Personalvertretungsgesetzen des Bundes und der Länder sind die Mitwirkungs- und Mitbestimmungsmöglichkeiten zum Thema Arbeits- und Gesundheitsschutz für die Personalvertretungen doch weitgehend gleich geregelt. Nach § 72 Abs. 4 Nr. 7 LPVG NRW (vgl. Art. 75 Abs. 4 Nr. 8 BayPVG, § 66 Nr. 11 NPersVG etc.) hat

der Personalrat bei betrieblichen Regelungen über Gesundheitsschutz mitzubestimmen, die die Dienststelle zwar aufgrund einer öffentlich-rechtlichen Rahmenvorschrift zu treffen hat, bei deren Gestaltung ihr aber Handlungsspielräume verbleiben. Bei der Gestaltung des Arbeitsschutzes haben die Personalräte nach den Personalvertretungsgesetzen der Länder (unter anderem LPVG NRW) ein umfassendes Mitbestimmungsrecht.
Die Personalräte haben bei der Ausübung ihres Mitbestimmungsrechts die Interessen der Beschäftigten zu vertreten und zu wahren. Sie sollen darauf achten, dass die Arbeitsgestaltung den gesetzlichen Vorgaben entspricht und die Gesundheit der Beschäftigten schützt. Die Personalräte sollen sich an der Gefährdungsbeurteilung beteiligen und die Ergebnisse in die Verhandlungen über die Maßnahmen mit den Arbeitgebenden einfließen lassen.

85. Ergeben sich aus einzelnen Landespersonalvertretungsgesetzen Mitbestimmungsrechte für Personalräte?

Mit der Verankerung der Gefährdungsbeurteilung als mitbestimmungspflichtige Angelegenheit (vgl. §§ 72 Abs. 4 Nr. 7 i. V. m. 66 Abs. 1 LPVG NRW) ist die Gefährdungsbeurteilung rechtlich gesehen eine Maßnahme, die nur nach Zustimmung des Personalrats durchgeführt werden darf. Das bezieht sich sogar schon auf die Planung: »Eine Maßnahme im Sinne des Satzes 1 liegt bereits dann vor, wenn durch eine Handlung eine mitbestimmungspflichtige Maßnahme vorweggenommen oder festgelegt wird« (§ 66 Abs. 1 LPVG NRW). Das bedeutet, dass Dienststellen diese Maßnahme bei dem Personalrat beantragen müssen. Der Personalrat kann aber auch die Durchführung der Gefährdungsbeurteilung (gemäß §§ 72 Abs. 4 Nr. 7 i. V. m. 66 Abs. 4 LPVG NRW) bei der Dienststelle beantragen.
Achtung: Hier ist vom Personalrat auf die laut Gesetz vorgegebenen Fristen für die Zustimmung zu achten (unter anderem gemäß § 66 Abs. 2 und 3 LPVG NRW)!
Auch die einzelnen Schritte der Gefährdungsbeurteilung (siehe auch Kapitel B) unterliegen dieser Zustimmungspflicht bzw. Antragsmöglichkeit seitens des Personalrats.

86. In welchem Umfang können Personalräte eine Gefährdungsbeurteilung initiieren oder erzwingen?

Auch Personalräte haben die Aufgabe zu überprüfen, ob die Dienststellen die zugunsten der Beschäftigten geltenden gesetzlichen Vorgaben einhalten (vgl. Art. 69 Abs. 1b) BayPVG; § 64 Abs. 2 LPVG NRW; § 59 Nr. 2 NPersVG etc.). Dazu gehören auch alle Vorgaben des Arbeitsschutzes wie das Arbeitsschutzgesetz, aber auch die einschlägigen Verordnungen sowie Vorschriften. Das bedeutet in Bezug auf die Gefährdungsbeurteilung, dass die Dienststellen diese mitbestimmungspflichtige Maßnahme bei dem Personalrat hinsichtlich seiner Zustimmung beantragen müssen.
Stellt ein Personalrat fest, dass es in der Dienststelle keine Gefährdungsbeurteilung gemäß § 5 ArbSchG gibt oder diese nicht alle in der Dienststelle relevanten Merkmalsbereiche abdeckt, kann er die Dienststelle dazu auffordern, bisherige Unterlagen vorzulegen und in die Verhandlung zur Umsetzung der Gefährdungsbeurteilung einzusteigen (vgl. §§ 72 Abs. 4 Nr. 7 i. V. m. 66 Abs. 1 LPVG NRW). In diesem Fall beantragt der Personalrat diese mitbestimmungspflichtige Maßnahme bei der Dienststelle.

87. Was passiert, wenn sich Dienststelle und Personalrat mit Blick auf die Mitbestimmung nicht einigen?

Die Gefährdungsbeurteilung ist eine mitbestimmungspflichtige Angelegenheit (vgl. §§ 72 Abs. 4 Nr. 7 i. V. m. 66 Abs. 1 LPVG NRW) und dieser muss durch den zuständigen Personalrat zugestimmt werden. Sollte in Bezug auf die Gefährdungsbeurteilung kein Einvernehmen hergestellt werden, also

- keine Zustimmung des Personalrats bei beantragter Maßnahme »Gefährdungsbeurteilung« durch die Dienststelle oder
- keine Zustimmung der Dienststelle bei beantragter Maßnahme »Gefährdungsbeurteilung« durch den Personalrat vorliegen,

ist als nächster Schritt die nächsthöher liegende Stufenvertretung einzubeziehen.

Kann auch durch Einbezug der Stufenvertretung keine Zustimmung erzielt werden, entscheidet auf Antrag die Einigungsstelle (vgl. § 66 Abs. 5–7 LPVG NRW).

88. Was sollten Personalräte in Dienstvereinbarungen festlegen?

Der Personalrat sollte zu Beginn der Erstellung oder der Verhandlung einer Dienstvereinbarung überlegen, welche Verfahrensschritte der Gefährdungsbeurteilung für ihn wichtig sind oder welche in der Wahrnehmung der Mitbestimmung schwer mit der Dienststelle umzusetzen sind. Diese Aspekte sind dann über eine Dienstvereinbarung zu regeln.
Weiterhin ist zu überlegen, wie eine geeignete Arbeitsstruktur in der praktischen Begleitung seitens des Personalrats aussehen kann. Das hängt immer etwas von den fachlichen Vorkenntnissen sowie den personellen als auch zeitlichen Ressourcen des Gremiums ab. Hier hat sich bewährt, dass sich bestimmte Personen aus dem Personalrat den »Hut« für die praktische Begleitung aufsetzen.
Sollten hier zu viele Fragezeichen auftauchen: Hilfreich ist es an dieser Stelle immer, sich externen Sachverstand gemäß LPVG (vgl. z. B. § 40 LPVG NRW) einzuholen. Dieser kann bei der Identifikation und Sortierung wichtiger Inhalte sowie bei der Erstellung einer Dienstvereinbarung helfen.

89. Welche Unterlagen müssen Arbeitgebende dem Personalrat zur Verfügung stellen?

Dem Personalrat sind alle für ihn erforderlichen Unterlagen zur Verfügung zu stellen (vgl. §§ 64 Nr. 2 in Verbindung mit 65 Nr. 1 f. LPVG NRW), damit der Personalrat seinen gesetzlich vorgeschriebenen Aufgaben nachkommen kann. Dieses Informations- und Überwachungsrecht bezieht sich auch auf das Arbeitsschutzrecht und insbesondere auf die Gefährdungsbeurteilung.
In Bezug auf die Gefährdungsbeurteilung können das z. B.

- wichtige Datengrundlagen zur Vorbereitung und Planung der Gefährdungsbeurteilung (vgl. Kapitel B) sowie
- Analyseergebnisse (z. B. Messprotokolle, Auswertungen der Gefährdungsbeurteilung psychischer Belastungen oder Begehungsprotokolle) und
- die allgemeine Dokumentation der Gefährdungsbeurteilung sein.

90. Kann der Personalrat einen Sachverständigen für die Gefährdungsbeurteilung hinzuziehen?

Der Personalrat hat das Recht, z. B. gemäß § 40 LPVG NRW, externen Sachverstand hinzuzuziehen. Diese sachkundige Expertise kann eine juristische Beratung sein aber auch andere fachkundige Personen, die die Mitbestimmungsrechte und -praxis kennen. Die Beratung kann z. B. über die Erstellung einer Dienstvereinbarung zur umfassenden Gefährdungsbeurteilung oder einzelner Gefährdungsfaktoren bis hin zur praktischen Verfahrensbegleitung erfolgen.
Bei Unsicherheiten bzgl. der Mitbestimmungsrechte und deren Wahrnehmung ist es immer ratsam, fachkundige externe Sachverständige einzubeziehen.

91. Wie sieht es mit der Mitbestimmung nach BPersVG aus?

Ähnlich wie die Personalräte nach den Personalvertretungsgesetzen der Länder haben auch Personalräte nach BPersVG bei betrieblichen Regelungen über den Arbeits- und Gesundheitsschutz mitzubestimmen, die die Dienststelle zwar aufgrund einer öffentlich-rechtlichen Rahmenvorschrift zu treffen hat, bei deren Gestaltung aber Handlungsspielräume verbleiben (vgl. § 75 BPersVG). Dazu gehört auch die Mitbestimmung bei der Gefährdungsbeurteilung sowie den daraus abzuleitenden und umzusetzenden Arbeitsschutzmaßnahmen.
Die BPersVG-Novelle 2021 hat die Mitbestimmungsrechte im Arbeits- und Gesundheitsschutz durch den neu eingeführten § 80 Abs. 1 Nr. 17 BPersVG erweitert. Welche konkreten Auswirkungen das auf die Mitbe-

stimmung bei der Gefährdungsbeurteilung hat, ist noch nicht final geklärt (siehe Frage Nr. 66).

Mitarbeitervertretungen

92. Welche Mitbestimmungsrechte haben Mitarbeitervertretungen bei Gefährdungsbeurteilungen?

Im Arbeitsschutz haben alle Interessenvertretungen ein weitgehendes Mitbestimmungsrecht. Allerdings wird im Mitarbeitervertretungsgesetz der EKD (MVG EKD, evangelisches Kirchenrecht) und der Mitarbeitervertretungsordnung (MAVO, katholisches Kirchenrecht) eher ein »pathogener« Ansatz verfolgt. Das bedeutet, dass dort der Fokus mehr auf die Unfallverhütung und die Abwendung von gesundheitlichen Gefahren gelegt wird. Dennoch werden Mitarbeitervertretungen in § 1 Abs. 4 ArbSchG explizit erwähnt und klargestellt, dass sie die Aufgaben von Betriebs- und Personalräten in öffentlich-rechtlichen Religionsgemeinschaften übernehmen.
Die im Arbeitsschutzgesetz und anderen Verordnungen vorgesehenen Beteiligungsrechte gelten also auch für alle Interessenvertretungen. Ein Unterschied besteht jedoch im Streitfall. Hier entscheiden die Kirchen im Rahmen der Schlichtung oder vor dem Kirchengericht im Grunde selbst, wie betrieblich weiter vorzugehen ist. Zwar besteht auch im Kirchenrecht mittlerweile die Möglichkeit einer Einigungsstelle, allerdings sind die Rahmenbedingungen nicht die gleichen wie etwa im Betriebsverfassungsrecht. So bleiben z. B. die Fristen im Rahmen der Mitbestimmung bestehen und die Mitarbeitervertretung muss eine schriftliche Erklärung abgeben.

93. Ergeben sich aus dem evangelischen Kirchenrecht (MVG EKD) Mitbestimmungsrechte für Interessenvertretungen?

Auch Interessenvertretungen aus dem Bereich des Kirchenrechts haben umfassende Mitbestimmungsrechte. Im evangelischen Kirchenrecht gehört es nach § 35 MVG EKD zu den expliziten Aufgaben der Mitarbeitervertretungen, den Arbeits- und Gesundheitsschutz im Betrieb mitzugestalten. Dazu gehört sowohl die Kontrolle der Einhaltung gesetzlicher Vorgaben als auch die Gestaltung von Maßnahmen des Arbeits- und Gesundheitsschutzes. Nach § 40b MVG EKD besteht zudem ein uneingeschränktes Mitbestimmungsrecht hinsichtlich der Umsetzung des Arbeitsschutzgesetzes im Betrieb. Maßnahmen des Arbeitsschutzes dürfen nicht ohne Zustimmung der Mitarbeitervertretung umgesetzt werden. Gleiches gilt auch für die Umsetzung der Gefährdungsbeurteilung nach § 5 ArbSchG.

94. Ergeben sich aus dem katholischen Kirchenrecht (MAVO) Mitbestimmungsrechte für Mitarbeitervertretungen?

Auch im katholischen Kirchenrecht bestehen umfangreiche Mitbestimmungsrechte der Interessenvertretung. In § 26 Abs. 3 Nr. 7 MAVO wird unter den Aufgaben der Mitarbeitervertretung auch die Durchsetzung und Einhaltung der Vorschriften des Arbeitsschutzes, der Unfallverhütung und der Gesundheitsförderung aufgezählt.
Ergänzend dazu kommen die Anhörungs- und Mitbestimmungsrechte in § 29 Abs. 1 Nr. 16 MAVO zu den Grundsätzen der Arbeitsplatzgestaltung und in § 29 Abs. 1 Nr. 14 MAVO zur Einführung neuer Arbeitsmethoden. In § 36 Abs. 1 Nr. 10 MAVO ist definiert, dass »Maßnahmen zur Verhütung von Dienst- und Arbeitsunfällen und sonstigen Gesundheitsschädigungen« nur durchgeführt werden dürfen, wenn die Zustimmung der Mitarbeitervertretung vorliegt, sofern es keine abschließenden anderweitigen rechtlichen Vorgaben gibt. Die Gefährdungsbeurteilung ist im Arbeitsschutzgesetz jedoch nicht abschließend geregelt, so dass auch im katholischen Kirchenrecht die Mitbestimmung der Mitarbeitervertretung im gesamten Prozess der Durchführung, der Ergebnisse und der Maßnahmen besteht.

95. In welchem Umfang können Mitarbeitervertretungen eine Gefährdungsbeurteilung initiieren oder erzwingen?

Auch Mitarbeitervertretungen haben die Aufgabe zu überprüfen, ob die Dienststellen gesetzliche Vorgaben einhalten (§§ 34 Abs. 1 i. V. m. 35 Abs. 3b MVG EKD und § 26 Abs. 3 Nr. 7 MAVO). Dazu gehören auch alle Vorgaben des Arbeitsschutzes. Stellt eine Mitarbeitervertretung fest, dass es im Betrieb keine Gefährdungsbeurteilung gibt oder diese nicht alle im Betrieb oder in der Dienststelle relevanten Merkmalsbereiche abdeckt, so kann sie die Dienststelle dazu auffordern, bisherige Unterlagen vorzulegen und in die Verhandlung zur Umsetzung arbeitsrechtlicher Vorgaben einzusteigen. Da die Zustimmung der Mitarbeitervertretung für die Umsetzung vorliegen muss, kann diese auch den Rechtsweg einschlagen, wenn dem nicht entsprochen wird.

96. Was passiert, wenn Arbeitgebende und Mitarbeitervertretung sich mit Blick auf die Mitbestimmung nicht einigen (Einigungsstelle)?

Eine Schwierigkeit im kirchlichen Arbeitsrecht ist die Klärung von Streitfragen. Zwar stehen den Mitarbeitervertretungen gerade im Arbeitsschutz umfassende Mitbestimmungsrechte zu, jedoch ist die Durchsetzung im Streitfall nicht immer einfach. Es bestehen in der Mitbestimmung im Kirchenrecht relativ kurze Fristen, in denen eine Interessenvertretung einen Beschluss zu mitbestimmungsrelevanten Sachverhalten treffen muss. Dies führt in der Praxis oft zu Herausforderungen, insbesondere, wenn es um die Einrichtung einer Einigungsstelle geht. Grundsätzlich stehen den Mitarbeitervertretungen die üblichen rechtlichen Wege zu Mitbestimmungstatbeständen zur Verfügung. Dies sind zunächst die Schlichtung und der Weg zum Kirchengericht. Seit 2020 gibt es auch noch die Möglichkeit, die Einigungsstelle in allen Belangen anzurufen, die die Mitbestimmung betreffen, also auch den Arbeitsschutz im Betrieb.

97. Was sollten Mitarbeitervertretungen in Dienstvereinbarungen festlegen?

In § 38 Abs. 1 Nr. 12 MAVO und § 36 Abs. 1 MVG EKD wird explizit die Möglichkeit zum Abschluss einer Dienstvereinbarung auch für Maßnahmen zur Verhütung von Arbeitsunfällen und sonstigen Gesundheitsschädigungen beschrieben. Eine Dienstvereinbarung darf jedoch geltendes Arbeitsschutzrecht weder unterschreiten noch ausweiten.
Bestenfalls ergreifen beide Betriebsparteien die Initiative dazu gemeinsam, grundsätzlich besteht hier für beide Seiten ein Initiativrecht. Geregelt werden sollten dann Prozesse zur Durchführung des Arbeitsschutzes in Betrieb und Dienststelle, die nicht bereits in Gesetzen und Verordnungen zwingend vorgeschrieben sind. Dies betrifft alle acht Schritte der Gefährdungsbeurteilung, wie sie in Kapitel B beschrieben sind.
Praxistipp: Sollten hier zu viele Fragezeichen auftauchen, ist es an dieser Stelle immer hilfreich, externen Sachverstand gemäß § 22 MVG EKD bzw. § 20 MAVO einzuholen. Dieser kann bei der Identifikation und Sortierung wichtiger Inhalte sowie bei der Erstellung einer Dienstvereinbarung helfen.

98. Welche Unterlagen müssen Arbeitgebende der Mitarbeitervertretung zur Verfügung stellen?

Der Mitarbeitervertretung sind alle für sie erforderlichen Unterlagen zur Verfügung zu stellen (§ 27 MAVO bzw. § 34 MVG EKD), damit sie ihren gesetzlich vorgeschriebenen Aufgaben nachkommen kann. Dieses Informations- und Überwachungsrecht bezieht sich auch auf das Arbeitsschutzrecht und insbesondere auf die Gefährdungsbeurteilung.
In Bezug auf die Gefährdungsbeurteilung können das z. B.

- wichtige Datengrundlagen zur Vorbereitung und Planung der Gefährdungsbeurteilung (vgl. Kapitel B) sowie
- Analyseergebnisse (z. B. Messprotokolle, Auswertungen der Gefährdungsbeurteilung psychischer Belastungen oder Begehungsprotokolle) und
- die allgemeine Dokumentation der Gefährdungsbeurteilung sein.

99. Kann die Mitarbeitervertretung Sachverständige für die Gefährdungsbeurteilung hinzuziehen?

Eine Mitarbeitervertretung hat wie alle Interessenvertretungen das Recht (nach § 22 MVG EKD bzw. § 20 MAVO), externen Sachverstand hinzuzuziehen. Diese sachkundige Expertise kann z. B. eine juristische Beratung sein, aber auch andere fachkundige Beratungseinrichtungen, welche die Mitbestimmungsrechte und -praxis kennen. Beratung kann z. B. über die Erstellung einer Dienstvereinbarung zur umfassenden Gefährdungsbeurteilung oder einzelner Gefährdungsfaktoren bis hin zur praktischen Verfahrensbegleitung erfolgen.
Bei Unsicherheiten bzgl. der Mitbestimmungsrechte und deren Wahrnehmung ist es immer ratsam, fachkundige externe Sachverständige einzubeziehen.

J. Externe Unterstützung

100. Wann ist externe Unterstützung für die Interessenvertretung hilfreich?

Im Arbeitsschutz spielen sehr viele Gesetze, Verordnungen, technische Regeln, Unfallverhütungsvorschriften und vieles mehr eine entscheidende Rolle. Dazu kommen noch die arbeitswissenschaftlichen und arbeitsmedizinischen Erkenntnisse, die ebenfalls einbezogen werden müssen. Hier den Überblick zu behalten und die für den eigenen Betrieb notwendigen Grundlagen herauszufiltern, ist eine große Herausforderung für Interessenvertretungen. Damit sie mit dieser Aufgabe nicht allein gelassen werden, sehen die Mitbestimmungsgesetze den Einsatz von externem Sachverstand vor.

In den einzelnen Gesetzen zur Mitbestimmung findet sich dieses Recht unter anderem in

- für Betriebsräte: § 80 Abs. 3 BetrVG,
- für Personalräte: z. B. § 40 LPVG NRW,
- für Mitarbeitervertretungen: § 22 MVG EKD bzw. § 20 MAVO.

Diese sachkundige Expertise kann z. B. eine juristische Beratung sein, aber auch andere fachkundige Personen, welche die Mitbestimmungsrechte und -praxis kennen. Inhalt der Beratung kann die Erstellung einer Betriebs- oder Dienstvereinbarung zur umfassenden Gefährdungsbeurteilung sein. Auch die Identifikation einzelner Gefährdungsfaktoren oder eine praktische Verfahrensbegleitung kann hilfreich sein. Externen Sachverstand hinzuzuziehen ist immer dann ratsam, wenn es dem Gremium an Orientierung, Know-how oder strategischer Ausrichtung fehlt oder diese als verbesserungsfähig eingeschätzt werden. Die Checkliste im Anhang

dieser Veröffentlichung kann auch helfen herauszufinden, ob externer Sachverstand im Betrieb hilfreich sein könnte.
Neben externen Sachverständigen kann auch ein Anruf bei der zuständigen Aufsichtsbehörde, Berufsgenossenschaft oder Unfallkasse hilfreich sein. Diese haben auch die Aufgabe, Arbeitgebende und Interessenvertretungen in Fragen der Umsetzung des gesetzlichen Arbeitsschutzes zu informieren (vgl. Kapitel A).

101. Können Interessenvertretungen Fortbildungen zur Gefährdungsbeurteilung besuchen?

Das Feld der Mitbestimmung bei der Gefährdungsbeurteilung ist komplex. Ohne eine Schulung oder andere Qualifizierungsmaßnahme wird es schwer sein, sich einigermaßen fundiert durch die praktische Begleitung (Information, Überwachung, Mitbestimmung) der Gefährdungsbeurteilung zu navigieren.
Dieses Recht ist in verschiedenen Rechtsnormen zur Mitbestimmung verankert und greift in Bezug auf die Gefährdungsbeurteilung selbstverständlich auch. In den einzelnen Gesetzen zur Mitbestimmung sind diese Rechte unter anderem in § 37 Abs. 6 BetrVG, § 46 Abs. 6 BPersVG, § 42 Abs. 5 LPVG NRW, § 19 Abs. 3 MVG EKD und § 16 MAVO verankert.

Anlage Checkliste Gefährdungsbeurteilung

Orientierungsfragen zur Mitbestimmung und Beteiligung der Interessenvertretung bei der Gefährdungsbeurteilung (GBU)	Einschätzung der Interessenvertretung			Priorität für die Interessenvertretung (bitte für jede Frage festlegen: hoch, mittel, gering)
	ja	nein	nicht bekannt	
Weiß die Interessenvertretung, ob eine aktuelle Gefährdungsbeurteilung zu den physischen und psychischen Belastungen vorliegt?				
Weiß die Interessenvertretung, bei welchen Inhalten der GBU sie mitzubestimmen hat?				
Wird die Interessenvertretung systematisch in alle Schritte (von der Planung bis zur Fortschreibung) der GBU einbezogen?				
Bestimmt die Interessenvertretung bei der Auswahl von Methoden und Instrumenten mit?				
Weiß die Interessenvertretung, wie die Risikobeurteilung der ermittelten Gefährdungen zustande kommt?				
Hat die Interessenvertretung, im Falle einer erforderlichen Festlegung betrieblicher (Risiko-)Beurteilungsmaßstäbe, mitbestimmt?				

Orientierungsfragen zur Mitbestimmung und Beteiligung der Interessenvertretung bei der Gefährdungsbeurteilung (GBU)	Einschätzung der Interessenvertretung			Priorität für die Interessenvertretung (bitte für jede Frage festlegen: hoch, mittel, gering)
	ja	nein	nicht bekannt	
Wird die Mitbestimmung bei der Auswahl von Maßnahmen eingehalten?				
Wirkt die Interessenvertretung bei der Maßnahmendurchführung hinsichtlich der Festlegung von Verantwortlichkeiten und Fristen (Maßnahmenplan) mit?				
Werden wichtige Termine des Arbeitsschutzes, z. B. Begehungen, Messungen, Prüfungen der Interessenvertretung immer und frühzeitig kommuniziert?				
Nimmt die Interessenvertretung an Betriebsbegehungen im Zusammenhang mit Arbeits- oder Unfallschutz teil?				
Gibt es einen festen Turnus für die Aktualisierung bzw. Wiederholung der Gefährdungsbeurteilung?				

Empfehlungen zum Umgang mit den Ergebnissen der Checkliste:

Sollten eine oder mehrere dieser Orientierungsfragen mit »nein« beantwortet werden oder nicht beantwortet werden können, lohnt es sich, die hinter den betreffenden Fragen steckenden Themen genauer in den Blick zu nehmen. Insbesondere Themen dieser Checkliste, die eine hohe Priorität für die Interessenvertretung aufweisen, sollten über die Mitbestimmung weiterverfolgt werden.

> **Praxistipp:**
> Hilfreich für eine systematische Beteiligung der Interessenvertretung ist der Abschluss einer Betriebs- oder Dienstvereinbarung zur Gefährdungsbeurteilung. In dieser sollten die mitbestimmungspflichtigen und von der Interessenvertretung priorisierten Themen geregelt, Verfahrensgrundsätze vereinbart und die Beteiligung der Interessenvertretung eindeutig festgeschrieben werden.

Weiterhin ist es hilfreich, externen Sachverstand zur Unterstützung bei der Erstellung der Betriebs-/Dienstvereinbarung hinzuzuziehen.

Quellenangaben

Bundesanstalt für Arbeitsschutz und Arbeitsmedizin (2025). Handbuch Gefährdungsbeurteilung. Online abrufbar unter *https://www.baua.de/DE/Themen/Arbeitsgestaltung/Gefaehrdungsbeurteilung/Handbuch-Gefaehrdungsbeurteilung/Gefaehrdungsbeurteilung_node* (letzter Abruf 26. 5. 2025).

Bundesanstalt für Arbeitsschutz und Arbeitsmedizin (2024). ASR A6: Technische Regeln für Arbeitsstätten. Bildschirmarbeit. Online abrufbar unter *https://www.baua.de/DE/Angebote/Regelwerk/ASR/ASR-A6* (letzter Abruf 26. 5. 2025).

Bundesanstalt für Arbeitsschutz und Arbeitsmedizin (Hrsg.)(2010). Psychische Belastung und Beanspruchung im Berufsleben: Erkennen – Gestalten. 5. Aufl. 2010. Online abrufbar unter *https://www.baua.de/DE/Angebote/Publikationen/Praxis/A45* (letzter Abruf 26. 5. 2025).

Bundesanstalt für Arbeitsschutz und Arbeitsmedizin (o.D.). Technische Regel für Gefahrstoffe (TRGS). Online abrufbar unter *https://www.baua.de/DE/Angebote/Regelwerk/TRGS/TRGS* (letzter Abruf 26. 5. 2025).

Bundesanstalt für Arbeitsschutz und Arbeitsmedizin & Deutsche Gesetzliche Unfallversicherung (2013). Grundbegriffe des Arbeitsschutzes. Lernmaterial Ausbildung zur Fachkraft für Arbeitssicherheit.

Deutsche Gesetzliche Unfallversicherung (2024). DGUV Vorschrift 2. Betriebsärztinnen und Betriebsärzte sowie Fachkräfte für Arbeitssicherheit (DGUV V2). Online abrufbar unter *https://publikationen.dguv.de/widgets/pdf/download/article/5054* (letzter Abruf 26. 5. 2025).

Deutsche Gesetzliche Unfallversicherung (2020). DGUV Vorschrift 25. Überfallprävention (DGUV V25). Online abrufbar unter *https://publikationen.dguv.de/regelwerk/dguv-vorschriften/4081/ueberfallpraevention* (letzter Abruf 26. 5. 2025).

Deutsche Gesetzliche Unfallversicherung (2014). DGUV Regel 100-001. Grundsätze der Prävention. Online abrufbar unter *https://publikationen.dguv.de/regelwerk/dguv-regeln/2942/grundsaetze-der-praevention* (letzter Abruf 26.5.2025).

Deutsche Gesetzliche Unfallversicherung (2013). DGUV Vorschrift 1. Grundsätze der Prävention (DGUV V1). Online abrufbar unter *https://publikationen.dguv.de/regelwerk/dguv-vorschriften/2909/dguv-vorschrift-1?c=13* (letzter Abruf 26.5.2025).

Deutsche Gesetzliche Unfallversicherung (2012). DGUV Information 211-005. Unterweisung – Bestandteil des betrieblichen Arbeitsschutzes. Online abrufbar unter *https://publikationen.dguv.de/widgets/pdf/download/article/292* (letzter Abruf 26.5.2025).

Deutsche Gesetzliche Unfallversicherung (1997). DGUV Vorschrift 3. Elektrische Anlagen und Betriebsmittel (DGUV V3). Online abrufbar unter *https://publikationen.dguv.de/regelwerk/dguv-vorschriften/1052/elektrische-anlagen-und-betriebsmittel?c=13* (letzter Abruf 26.5.2025).

Gemeinsame Deutsche Arbeitsschutzstrategie (2017). Leitlinie Gefährdungsbeurteilung und Dokumentation. Online abrufbar unter *https://www.gda-portal.de/DE/Downloads* (letzter Abruf 26.5.2025).

Gemeinsame Deutsche Arbeitsschutzstrategie – Arbeitsprogramm Psyche (2022). Berücksichtigung psychischer Belastung in der Gefährdungsbeurteilung – Empfehlungen zur Umsetzung in der betrieblichen Praxis. 4. Aufl. 2022. Online abrufbar unter *https://www.gda-psyche.de/fileadmin/gda/Downloads/Broschuere_psychsiche_Belastung_Auflage_4_2024.pdf* (letzter Abruf 26.5.2025).

TBS NRW e. V. (Hrsg.)(2024). Praktisches Verfahren GBU Arbeitszeit – Arbeitshilfe und Fragenkatalog zur Ermittlung von Gefährdungen durch Arbeitszeit. Online abrufbar unter *https://www.tbs-nrw.de/medien/medien-detail/media/gbu-arbeitszeit.html* (letzter Abruf 26.5.2025).

VBG (2019). Leitfaden VBG-Fachwissen »Gefährdungsbeurteilung – So geht's«. Online abrufbar unter: *https://www.vbg.de/cms/arbeitsschutz/arbeitsschutz-organisieren/gefaehrdungsbeurteilung* (letzter Abruf 02.06.2025)

Stichwortverzeichnis

Kompetenz verbindet

Ralf Pieper

Betriebssicherheitsverordnung (BetrSichV)

Basiskommentar zu Sicherheit und Gesundheitsschutz bei der Verwendung von Arbeitsmitteln
2., bearbeitete und aktualisierte Auflage
2020. 272 Seiten, kartoniert
ca. € 44,–
ISBN 978-3-7663-6967-3

Die Betriebssicherheitsverordnung (BetrSichV) verfolgt das Ziel, Sicherheit und Gesundheitsschutz für Beschäftigte bei der Verwendung von Arbeitsmitteln zu gewährleisten und zu verbessern. Klar, prägnant und verständlich erläutert der Basiskommentar die Vorschriften der BetrSichV und gibt Orientierung bei der konkreten Umsetzung der Verordnung in die Praxis.

Die 2. Auflage berücksichtigt Änderungen der BetrSichV, der Technischen Regeln für Betriebssicherheit (TRBS) sowie weiterer Rechtsvorschriften. Einbezogen sind die Mitwirkungs- und Mitbestimmungsrechte der Betriebs- und Personalräte.

Schwerpunkte der 2. Auflage:
- Vorgaben zur Auswahl geeigneter Arbeitsmittel und deren sichere Verwendung
- Gefährdungsbeurteilung
- Gestaltung von Arbeits- und Fertigungsverfahren
- Ergonomische Gestaltungsprinzipien
- Physische und psychische Belastungen bei der Verwendung von Arbeitsmitteln
- Alters- und alternsgerechte Gestaltung von Arbeitsmitteln
- Besondere Gefährdungen und Unfallschwerpunkte
- Prüfpflichten für Arbeitsmittel im Allgemeinen und für besonders prüfpflichtige Arbeitsmittel einschließlich überwachungsbedürftiger Anlagen im Besonderen
- Qualifikation und Unterweisung der Beschäftigten

Bund-Verlag